IMPACTO
ESTUDIOS SOCIALES

Historia de Estados Unidos
La creación de una nueva nación

DIARIO DE **INVESTIGACIÓN**

Mc
Graw
Hill

Autores del programa

James Banks, Ph.D.
University of Washington
Seattle, Washington

Kevin P. Colleary, Ed.D.
Fordham University
New York, New York

William Deverell, Ph.D.
University of Southern California
Los Angeles, California

Daniel Lewis, Ph.D.
The Huntington Library
Los Angeles, California

Elizabeth Logan Ph.D., J.D.
USC Institute on California and the West
Los Angeles, California

Walter C. Parker, Ph.D.
University of Washington
Seattle, Washington

Emily M. Schell, Ed.D.
San Diego State University
San Diego, California

mheducation.com/prek-12

Copyright © 2020 McGraw-Hill Education

All rights reserved. No part of this publication may be reproduced or distributed in any form or by any means, or stored in a database or retrieval system, without the prior written consent of McGraw-Hill Education, including, but not limited to, network storage or transmission, or broadcast for distance learning.

Send all inquiries to:
McGraw-Hill Education
303 East Wacker Drive, Suite 2000
Chicago, IL 60601

ISBN: 978-0-07-691449-4
MHID: 0-07-691449-6

Printed in the United States of America.

1 2 3 4 5 6 7 8 9 LKV 23 22 21 20 19

Consultores del programa

Tahira A. DuPree Chase, Ed.D.
Greenburgh Central School District
Hartsdale, New York

Jana Echevarria, Ph.D.
California State University
Long Beach, California

Douglas Fisher, Ph.D.
San Diego State University
San Diego, California

Nafees Khan, Ph.D.
Clemson University
Clemson, South Carolina

Jay McTighe
McTighe & Associates Consulting
Columbia, Maryland

Carlos Ulloa, Ed.D.
Escondido Union School District
Escondido, California

Rebecca Valbuena, M.Ed.
Glendora Unified School District
Glendora, California

Correctores del programa

Gary Clayton, Ph.D.
Northern Kentucky University
Highland Heights, Kentucky

Lorri Glover, Ph.D.
Saint Louis University
St. Louis, Missouri

Thomas Herman, Ph.D.
San Diego State University
San Diego, California

Clifford Trafzer, Ph.D.
University of California
Riverside, California

Carta de los autores

Querido detective de Estudios Sociales,

Piensa en Estados Unidos de América. ¿Por qué distintos grupos de personas decidieron asentarse en el territorio que se convertiría en Estados Unidos? Cuando surgió el país, ¿cómo cambiaron la economía, la política y esos grupos de personas? En este libro descubrirás más sobre cómo un territorio se convierte en una nación. Pensarás en lo que significa convertirse en un país independiente y qué significa ser un estadounidense.

A medida que leas, toma el rol de detective. Cuando las preguntas surjan en tu mente, escríbelas. Luego, analiza el texto para encontrar las respuestas. ¿Qué te llama la atención? Toma notas mientras lees. Usarás tus notas cuando compartas lo que aprendiste con tus compañeros de clase. ¡Mira atentamente todo el texto: las fotos, los mapas, las líneas cronológicas y los documentos históricos le darán vida a la historia de Estados Unidos!

Disfruta tu investigación dentro del mundo de los estudios de ciencias sociales, donde explorarás cómo un grupo de territorios se convirtió en Estados Unidos, un lugar lleno de mujeres, hombres y niños que vinieron de muchos lugares para formar un país creciente y diverso.

Atentamente,

Los autores del Programa de Estudios Sociales IMPACTO

Declaración de la Independencia

Contenido

Fuentes de referencia

Capítulo 1

La tierra y los pueblos originarios de América del Norte

PE PREGUNTA ESENCIAL

¿Cómo se vieron afectadas las vidas de los pueblos originarios por su entorno?

Capítulo 2

La era de exploración

PE PREGUNTA ESENCIAL

¿Qué ocurrió cuando se cruzaron los caminos de diversas culturas?

Un continente que cambia

 ¿Qué impacto tiene el asentamiento de personas en un nuevo lugar?

Capítulo 4

El camino a la guerra

PE PREGUNTA ESENCIAL

¿Por qué querría independizarse una nación?

Capítulo 5

La Guerra de Independencia

PREGUNTA ESENCIAL PE ¿Qué nos dice la era revolucionaria sobre nuestra nación hoy?

La formación de un nuevo gobierno

 ¿De qué manera la Constitución nos ayuda a comprender qué significa ser estadounidenses?

Capítulo 7

Una nación que crece

¿Qué nos revelan los primeros años de Estados Unidos sobre el carácter de la nación?

Capítulo 8

La Guerra Civil y la Reconstrucción

PREGUNTA ESENCIAL PE ¿Cuál fue el efecto de la Guerra Civil en la sociedad estadounidense?

Destrezas y artículos especiales

Teatro del lector

Mis notas

_____

_____

_____

_____

_____

_____

_____

_____

_____

_____

_____

Para empezar

Tienes dos libros de estudios sociales que usarás para explorar y analizar temas importantes.

Diario de investigación

es tu cuaderno de apuntes donde harás preguntas, analizarás fuentes y recopilarás información.

Material complementario

es donde leerás selecciones de no ficción y literatura, examinarás material de fuentes primarias y buscarás respuestas a tus preguntas.

En cada capítulo

Las páginas de apertura de capítulo te permiten ver la imagen global. Cada capítulo comienza con una **Pregunta esencial**. Esa **PE** te guía en la búsqueda y en la investigación.

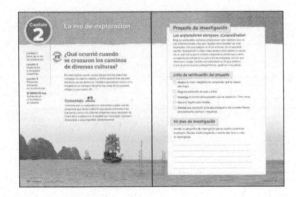

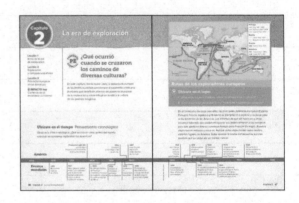

En el **Diario de investigación** comentarás la **PE** y descubrirás el Proyecto de investigación de cada capítulo.

En el **Material complementario** explorarás la **PE** y usarás líneas cronológicas y mapas para ubicarte en el tiempo y lugar de las lecciones.

Explorar palabras

Descubre qué sabes sobre
el vocabulario académico
del capítulo.

Conexión con la literatura

Explora el tema del capítulo
a través de textos de ficción,
informativos y poesía.

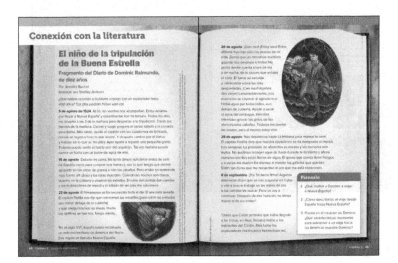

Personas que
debes conocer

Aprende sobre la vida de
las personas que han tenido
un impacto en la historia.

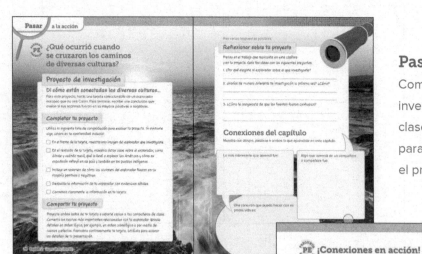

Pasar a la acción

Completa tu Proyecto de investigación y preséntalo a la clase. Luego, tómate un tiempo para comentar y reflexionar sobre el proyecto. ¿Qué aprendiste?

Conexiones en acción

Piensa en las personas, los lugares y los eventos sobre los que leíste en el capítulo. Comenta en pareja cómo eso te permitió comprender mejor la PE.

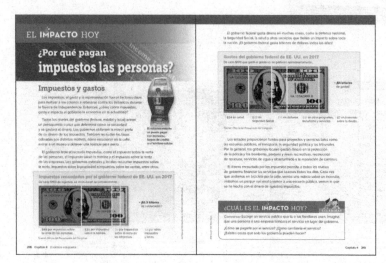

El IMPACTO hoy

Utiliza lo que has aprendido en el capítulo y relaciónalo con el mundo actual. Ten en cuenta qué impacto tienen hoy en nosotros las preguntas clave de geografía, economía y civismo.

En cada lección

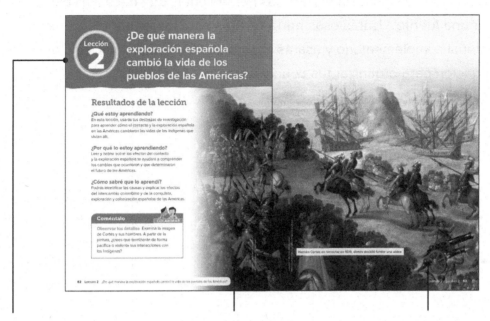

La **Pregunta de la lección** te permite pensar en cómo se conecta la lección con la PE del capítulo.

Los **Resultados de la lección** te permiten pensar qué estás aprendiendo y cómo aplicarlo a la PE.

Las **imágenes y texto** te permiten explorar el tema de la lección.

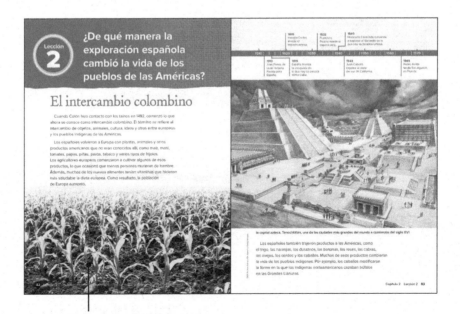

Las **lecturas de la lección** te permiten desarrollar un conocimiento más profundo del tema de la lección y de la PE.

Analizar e investigar

En el Diario de investigación hallarás las herramientas que necesitas para analizar una fuente. Usarás esas herramientas para investigar los textos del Material complementario y usarás el organizador gráfico del Diario de investigación para organizar tus conclusiones.

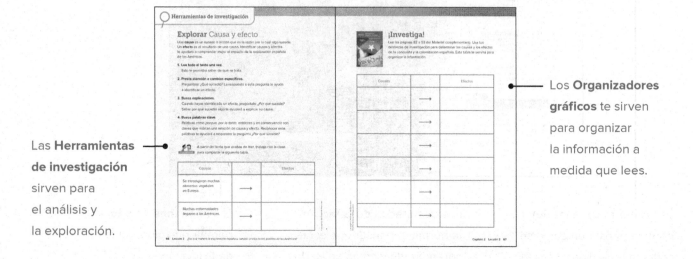

Las **Herramientas de investigación** sirven para el análisis y la exploración.

Los **Organizadores gráficos** te sirven para organizar la información a medida que lees.

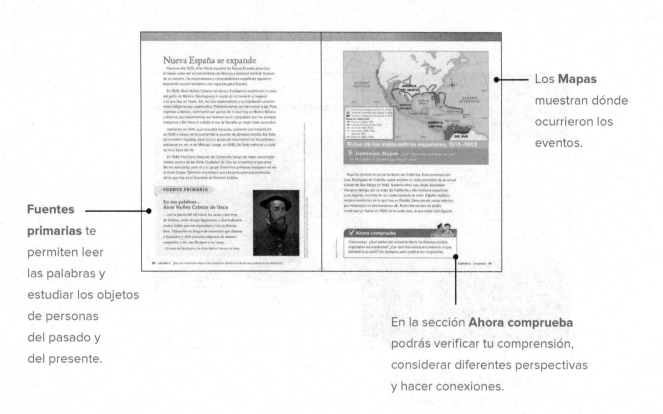

Fuentes primarias te permiten leer las palabras y estudiar los objetos de personas del pasado y del presente.

Los **Mapas** muestran dónde ocurrieron los eventos.

En la sección **Ahora comprueba** podrás verificar tu comprensión, considerar diferentes perspectivas y hacer conexiones.

Mostrar tus conclusiones

Al final de cada lección, tienes una oportunidad en el Diario de investigación de escribir tus conclusiones para conectarte de nuevo con la PE. A partir de lo que has aprendido, en el Material complementario podrás reflexionar sobre la pregunta central de la lección.

Piensa en lo que has aprendido.

Escribe qué has aprendido con evidencias del texto para sustentar tus ideas.

Conexión con la PE.

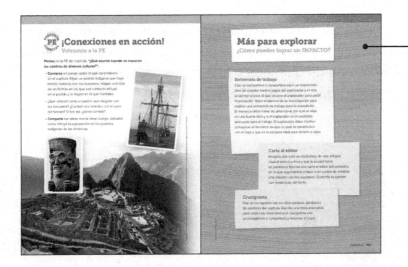

Piensa en lo que has leído en la lección. ¿Cómo te da una nueva visión sobre la pregunta central de la lección?

Capítulo 1

La tierra y los pueblos originarios de América del Norte

¿Cómo se vieron afectadas las vidas de los pueblos originarios por su entorno?

En este capítulo, leerás sobre la migración de los primeros pobladores de América a lo largo del territorio y cómo formaron sus civilizaciones. Explorarás sus culturas y vida cotidiana para comprender cómo influyó la ubicación en su modo de vida.

Tus exploraciones te permitirán responder la Pregunta esencial y con el Proyecto de investigación tendrás la oportunidad de organizar tus ideas.

Coméntalo COLABORAR

Comenta con un compañero o compañera quiénes vivían en América antes de la llegada de los europeos y cómo sería su vida. A medida que lees e investigas, busca respuestas a las preguntas que tengas. ¡Comencemos!

Proyecto de investigación

Muestra cómo era la vida...

Un museo te pidió que diseñaras una exposición de uno de los grupos indígenas que estudiarás en este capítulo. Haz un cartel o diorama para exponer alguno de los aspectos de la vida cotidiana de este grupo antes del siglo XVI. Puedes poner énfasis en sus herramientas, vestimenta o viviendas, o puedes representar sus tradiciones espirituales o culturales, su gobierno o economía. Reflexiona sobre cómo la ubicación de este grupo y el entorno influyeron en su vida cotidiana. Prepara una placa explicativa para describir tu recurso visual.

Lista de verificación del proyecto

☐ **Elige** un grupo de indígenas norteamericanos del capítulo sobre el que te gustaría investigar.

☐ **Elige** un aspecto ya sea de la vida cotidiana o de la cultura de este grupo que quisieras explorar.

☐ **Investiga** en fuentes confiables y reúne información.

☐ **Haz** una exposición en la que muestres los hallazgos de tu investigación.

☐ **Prepara** una placa explicativa para tu exposición.

Mi plan de investigación

Escribe las preguntas de investigación que te ayuden a planificar tu proyecto. Puedes añadir preguntas a medida que llevas a cabo tu investigación.

_____

_____

_____

_____

Explorar palabras

Completa el Registro de palabras de este capítulo. Toma
notas a medida que aprendas más acerca de cada palabra.

cazador–recolector

Mis notas

☐ La conozco.
☐ La escuché.
☐ No la conozco.

cosecha

Mis notas

☐ La conozco.
☐ La escuché.
☐ No la conozco.

empeñarse

Mis notas

☐ La conozco.
☐ La escuché.
☐ No la conozco.

historia oral

Mis notas

☐ La conozco.
☐ La escuché.
☐ No la conozco.

jeroglífico

Mis notas

☐ La conozco.
☐ La escuché.
☐ No la conozco.

meseta

Mis notas

- ☐ La conozco.
- ☐ La escuché.
- ☐ No la conozco.

_____

_____

_____

potlatch

Mis notas

- ☐ La conozco.
- ☐ La escuché.
- ☐ No la conozco.

_____

_____

_____

pradera

Mis notas

- ☐ La conozco.
- ☐ La escuché.
- ☐ No la conozco.

_____

_____

_____

tala y quema

Mis notas

- ☐ La conozco.
- ☐ La escuché.
- ☐ No la conozco.

_____

_____

_____

tótem

Mis notas

- ☐ La conozco.
- ☐ La escuché.
- ☐ No la conozco.

_____

_____

_____

Lección 1

¿Cómo se desarrollaron las características de los primeros grupos de indígenas norteamericanos?

Resultados de la lección

¿Qué estoy aprendiendo?

En esta lección, vas a usar tus destrezas de investigación para examinar cómo desarrollaron características especiales los primeros grupos indígenas que vivían en distintas regiones.

¿Por qué lo estoy aprendiendo?

Leer y hablar sobre estos primeros grupos indígenas te sirve para comprender cómo influyeron las regiones en las que vivieron en el desarrollo de sus características especiales.

¿Cómo sabré que lo aprendí?

Podrás analizar información para identificar las características de los primeros grupos indígenas norteamericanos, opinar sobre cómo influyó el entorno en el desarrollo de sus características y sustentar tu opinión con evidencia.

Coméntalo

COLABORAR

Observar los detalles La antigua edificación que se ve en esta imagen fue construida por los primeros pobladores del continente. ¿Cuál crees que fue su uso?

La pirámide de Kukulkan, en México, fue construida por el pueblo maya.

1 Inspeccionar

Mirar Lee la leyenda del mapa. ¿Qué crees que significa el término "puente continental"?

- **Encierra en un círculo** las palabras del mapa que te permiten identificar zonas terrestres y masas de agua.
- **Ubica** las posibles rutas migratorias que siguieron los primeros seres humanos.
- **Comenta** con un compañero o compañera por qué la última Edad del Hielo hizo que algunos seres humanos migraran a América del Norte.

Mis notas

_____

_____

_____

_____

_____

_____

_____

_____

Los primeros seres humanos en América del Norte

En la historia de la Tierra han ocurrido muchas glaciaciones importantes. Durante estos periodos, capas de hielo de miles de pies de grosor cubrían vastas áreas de tierra. Con tanta agua salada atrapada en capas de hielo, o *glaciares*, el nivel de los mares descendió. En algunos lugares emergieron nuevas tierras. Durante la última glaciación, o Edad del Hielo importante, ocurrida desde hace aproximadamente 30,000 años hasta hace 12,000 años, el nivel de los mares descendió mucho. Se formó un puente continental entre la punta noreste de Asia y la punta noroeste de América del Norte. Los científicos se refieren a esta región como el puente continental de Bering, o *Beringia*. Manadas de animales de la última Edad del Hielo migraron desde Asia a América del Norte a través de Beringia en busca de alimento. Muchos científicos creen que los grupos de seres humanos de Asia siguieron a los animales que cazaban a través de este puente continental.

A veces, una cacería podía llevar muchos días. Entonces, los cazadores tenían que recolectar plantas para comer mientras lograban cazar un animal. Las plantas que recolectaban incluían bayas, hierbas y setas. Esta es la razón por la que llamamos a estas personas cazadores-recolectores.

Los científicos creen que los seres humanos llegaron a América del Norte hace aproximadamente entre 30,000 y 12,000 años. Una vez allí, migraron hacia el sur por tierra. Otra posibilidad es que evitaron el hielo viajando en botes por la Costa del Pacífico.

OCÉANO GLACIAL ÁRTICO

B E R I N G I A

SIBERIA

ALASKA

Mar de Bering

OCÉANO PACÍFICO

El puente continental de Bering, o Beringia, unió Asia y América del Norte durante la última Edad del Hielo.

2 Hallar evidencias

Volver a leer Subraya palabras con las que se explique cómo la extensión de los glaciares durante la última Edad del Hielo causó la formación de Beringia.

Examinar Vuelve a observar el mapa. ¿Cómo muestra el mapa el contorno de Beringia? ¿Cómo muestra el contorno de las masas continentales actuales?

3 Hacer conexiones

Conversar A partir de los símbolos del mapa, comenta con un compañero o compañera los tipos de animales de la Edad del Hielo que los seres humanos de esa época siguieron hasta América del Norte. ¿Qué puedes deducir de las destrezas para cazar de aquellos seres humanos?

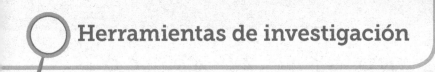

Analizar información

Analizar información significa separar la información en partes y luego observar cómo esas partes se relacionan entre sí. Analizar información te permitirá conocer su significado y utilidad.

1. **Lee todo el texto una vez.**

   Esto te dará una idea general del tema, de qué información dispones y cómo podrían relacionarse las partes entre sí.

2. **Mira atentamente las fuentes de información.**

   ¿Confías en que la fuente proporcionará información precisa?

3. **Haz preguntas sobre lo que estás leyendo.**

   Preguntas como *quién*, *qué*, *dónde*, *cuándo* y *por qué* te pueden ser útiles para separar la información en partes.

4. **Toma nota de los patrones, las relaciones y las tendencias importantes.**

   Tomar nota de la información importante en un organizador gráfico puede ser útil para interpretar mejor la información.

A partir de lo que acabas de leer sobre Beringia, trabaja con la clase para completar la siguiente tabla.

Ubicación	Entorno	Modo de vida
Beringia y América del Norte durante la última Edad del Hielo.		

¡Investiga!

Lee las páginas 10 a 19 del Material complementario. Usa tus destrezas de investigación para hallar información en los mapas, las imágenes y el texto y así comprender uno de los primeros grupos indígenas que vivieron en alguna de las áreas geográficas mencionadas en la lección. Esta tabla te servirá para organizar la información.

Ubicación	Entorno	Modo de vida

Piénsalo

A partir de tu investigación, ¿cómo crees que influyeron la ubicación y el entorno en la forma de vida del grupo de indígenas norteamericanos que escogiste?

Escríbelo

Tomar una posición

Escribir y citar evidencias Escribe un ensayo informativo breve de tres párrafos para describir cómo influyeron la ubicación y el entorno en la forma de vida del grupo de indígenas norteamericanos que elegiste.

_____

_____

_____

_____

_____

_____

_____

_____

_____

_____

_____

_____

_____

_____

_____

_____

Coméntalo

Comparar grupos

Conversa con un compañero o compañera que haya escogido un grupo indígena distinto. ¿En qué se asemejaban sus formas de vida? ¿En qué se diferenciaban?

Geografía

Conexión con la

Combinar ideas

Piensa en los pueblos sobre los que has aprendido en esta lección. ¿Cómo influyeron la ubicación y el entorno en la forma de vida de los indígenas norteamericanos?

_____

_____

_____

_____

_____

Notas del Proyecto de investigación

_____

_____

_____

_____

_____

_____

Lección 2

¿Cómo satisfacían sus necesidades los pobladores del Suroeste desértico?

Resultados de la lección

¿Qué estoy aprendiendo?

En esta lección, vas a usar tus destrezas de investigación para aprender sobre las culturas de los pueblos, los navajos y los apaches.

¿Por qué lo estoy aprendiendo?

Leer y hablar sobre cómo viven las personas en las duras condiciones del desierto te permitirá comprender cómo se adaptan al medioambiente.

¿Cómo sabré que lo aprendí?

Podrás comparar y contrastar diferentes grupos indígenas norteamericanos del Suroeste y explicar cómo su forma de vida les permitía vivir en el desierto.

Coméntalo

COLABORAR

Observar los detalles Mira atentamente la imagen. ¿Qué significado o propósito, en caso de tener alguno, crees que podrían tener estas marcas?

petroglifos de las ruinas de Peñasco Blanco

Ceremonias navajas

Copyright © McGraw-Hill Education
TEXT: From *We'll be in Your Mountains, We'll be in Your Songs: A Navajo Woman Sings* by Ellen McCullough-Brabson and Marilyn Help.
Copyright © 2001 University of New Mexico Press, 2001.

1 Inspeccionar

Leer Estudia la traducción de la canción navaja "Jó Ashílá". Luego, lee la descripción de las ceremonias navajas.

- **Comenta** con un compañero o compañera por qué las canciones y ceremonias como "Jó Ashílá" y Camino del enemigo son importantes.
- **Piensa** en ocasiones especiales en las que las personas pueden cantar una canción.

Mis notas

_____

_____

_____

_____

_____

_____

_____

_____

_____

_____

"Jó Ashílá" es una canción que forma parte de la ceremonia Camino del enemigo. Esta ceremonia dura tres días y se practica para restaurar el equilibrio en la vida de los navajos. La pueden llevar a cabo personas que están enfermas o individuos que han vuelto de la guerra.

Cantar y bailar son partes importantes de esta y otras ceremonias. Existen más de sesenta ceremonias navajas importantes; entre ellas, Camino del enemigo, Camino de la bendición y El canto nocturno de los navajos. Algunas ceremonias pueden durar más de una semana y pueden incluir más de quinientas canciones. Los bailarines se ponen máscaras y representan diversos espíritus en la ceremonia. Las pinturas de arena, que consisten en diseños hechos con arena pintada de colores vivos, se preparan específicamente para cada ceremonia. Las ceremonias son largas y complejas. Los cantantes que están capacitados para dirigirlas son muy respetados.

Jó Ashílá

Hee yėe' yaa' a', hee yėe' yaa' a', Jó a-shí-lá,

jó a-shí-lá, jó a- shí-lá, hee yėe' yaa' a',

T'óó-gá ni-zhó-ní-go baa hó-zhó lá, hee ya hėe hee yá,

Jó a-shí-lá, jó a-shí-lá, jó a-shí-lá,

Hee yėe' yaa' ya', T'óó-gá ni-zhó-ní-go

łįį' gá N-dáá gi béézh ní'-áázh lá, hee ya hėe hee ya',

T'óó-gá ni-zhó-ní-go N-dáá gi łįį' gá béézh ní'-áázh lá,

hee ya hėe hee ya', Jó a-shí-lá, jó a-shí-lá,

jó a-shí-lá, hee yėe' ya wėi yaa' ya'.

Traducción al español:

Viajando juntos, felices por la belleza. Es hermoso que ambos hayan llegado a caballo al Camino del enemigo.

objetos especiales de una ceremonia del Camino del enemigo

2 Hallar evidencias

Volver a leer ¿De qué trata la canción "Jó Ashílá"? Encierra en un círculo las palabras que te permiten sustentar tu respuesta.

Examinar ¿Se debe tomar la letra de la canción palabra por palabra? ¿Qué otro significado podría tener esta canción? ¿Por qué crees esto?

3 Hacer conexiones

Conversar ¿Por qué practican los navajos estos rituales?

Explorar Comparar y contrastar

Comparar es hallar las semejanzas entre dos cosas. **Contrastar** es hallar sus diferencias.

Las semejanzas y diferencias pueden tener relación. Dos culturas pueden tener semejanzas porque ambas provienen del mismo grupo o porque viven en medioambientes similares. Una diferencia en la cultura, sin embargo, podría significar que un grupo tiene una ventaja o una dificultad que el otro grupo no tiene.

Para comparar y contrastar debes seguir estos pasos:

1. Lee todo el texto una vez.

Esto te permitirá saber de qué se trata.

2. Busca palabras clave relacionadas con la información que deseas.

Si buscas información sobre viviendas, busca palabras como *casa*, *hogar* y *construir*, o materiales como *madera* y *piedra*.

3. Resume la información.

Escribe respuestas rápidas y sencillas a tus preguntas.

4. Revisa tus respuestas.

Pregúntate: *¿Cuáles son iguales? ¿Cuáles son diferentes? ¿Por qué?*

 A partir del texto que acabas de leer, trabaja con la clase para completar la siguiente tabla con la comparación de los rituales y las ceremonias.

	Personas de tu comunidad	Navajos
Rituales y ceremonias		

¡Investiga!

Lee las páginas 20 a 27 del Material complementario. Usa tus destrezas de investigación para hallar evidencia del texto relacionada con las formas de vida de los diferentes grupos indígenas norteamericanos del Suroeste. Luego, piensa en qué se asemejan, en qué se diferencian y por qué.

	Pueblo	Navajo	Apache
Vivienda	Las casas del Pueblo fueron modeladas, eran cubos como habitaciones apiladas una encima de otra		
Cultura/Religión	también contenían Kiva, cuartos subterreános especiales utilizados para rituales y ceremonias. Habia muchos grupos, que componian la gente del pueblo, dos de ellos son los Zuñi y Hopi		
Economía			

Piénsalo

Revisa tu investigación. A partir de la información que reuniste, ¿cómo vivían las personas en los desiertos del Suroeste?

Escríbelo

Escribir desde otra perspectiva

Escribe una entrada de un diario desde el punto de vista de un navajo, un pueblo o un apache. Asegúrate de incluir detalles de dónde vives, qué comes, qué tareas o trabajos haces y qué bienes tienes.

_____

_____

_____

_____

_____

_____

_____

_____

_____

_____

_____

_____

_____

_____

_____

_____

Coméntalo

Comentar

En grupos pequeños, considera lo que has aprendido de los indígenas norteamericanos del Suroeste. ¿Cómo se adaptaron a la vida en el desierto?

 Historia

Conexión con la

Combinar ideas

Piensa en lo que has aprendido de los indígenas del Suroeste desértico. ¿Qué tradiciones se siguen practicando hoy? ¿Por qué han continuado estas tradiciones?

_____

_____

_____

_____

_____

_____

_____

Notas del Proyecto de investigación

_____

_____

_____

_____

_____

_____

Lección 3

¿Cómo se vieron afectados los pueblos indígenas de la Costa del Pacífico por su entorno?

Resultados de la lección

¿Qué estoy aprendiendo?

En esta lección, vas a usar tus destrezas de investigación para saber cómo influyó el medioambiente en distintos grupos indígenas.

¿Por qué lo estoy aprendiendo?

Leer y hablar sobre las características geográficas de California, el Pacífico Noroeste, el Ártico y el Subártico te permitirá comprender las diferencias entre las culturas de los indígenas que vivieron aquí.

¿Cómo sabré que lo aprendí?

Podrás identificar la relación entre el lugar donde vivía un grupo de personas y las costumbres y prácticas de su cultura.

Coméntalo

COLABORAR

Observar los detalles ¿De qué tarea son responsables las personas que van en la parte de atrás de la embarcación? ¿Qué deben hacer los demás? Busca evidencia para demostrar que es una caza ceremonial.

Los indígenas norteamericanos solían cazar desde canoas a lo largo de la Costa del Pacífico.

Analizar las fuentes

1 Inspeccionar

Mirar Examina la imagen del tótem.

- **Encierra en un círculo** las figuras que se muestran en el tótem.
- **Comenta** con un compañero o compañera el orden de las figuras y qué podrían representar.

Mis notas

_____

_____

_____

_____

_____

_____

_____

_____

_____

_____

_____

_____

_____

_____

_____

Los tótems "burlescos" aparecían al revés y eran hechos a menudo para avergonzar a individuos.

Tótems

Las imágenes talladas en los tótems a menudo son formas humanas, animales o espirituales que representan algo importante para una familia. Por ejemplo, para algunas familias indígenas, los lobos, águilas y osos pardos son símbolos. Los tótems también han sido tallados en honor de una persona o un suceso importante. Hoy, estas estructuras se asocian con los indígenas del Pacífico Noroeste, pero se originaron con grupos del sureste de Alaska, como los tlinguits y los tsimshianes.

La altura de los tótems varía, pero la mayoría mide entre 10 y 50 pies de altura. Pueden ponerse frente a la casa de una familia o junto a una tumba. Algunos más bajos pueden estar dentro de la casa. El tallado de tótems estuvo a punto de desaparecer a fines del siglo XIX, cuando el gobierno de Estados Unidos prohibió varias ceremonias indígenas. Sin embargo, los indígenas retomaron la práctica en la década de 1950 y continuaron haciendo tótems hasta hoy.

Generalmente, los talladores de tótems tallan la madera de cedros rojos. Antes de talar un árbol, los nativos suelen realizar una ceremonia de respeto y agradecimiento por el uso del árbol.

La parte superior de un tótem, llamada emblema, a menudo muestra a qué clan pertenece una familia. A veces, un tótem está al revés para burlarse de un enemigo. La mayoría de las figuras de los tótems tienen forma ovalada. El tallador utiliza colores o patrones en la madera para crear los diseños.

2 Hallar evidencias

Inferir ¿Qué tipo de historia podría contar este tótem? ¿Cómo permiten las figuras y su orden contar esa historia?

Pensar Si estuvieras en una aldea, ¿dónde pondrías este tótem para que su mensaje llegase a todos?

3 Hacer conexiones

Conversar
Vuelve a mirar el tótem de la página anterior. Piensa en las cualidades o la historia de tu familia o de alguien importante para ti. Haz un objeto, un dibujo u otra representación de tu familia o de esa persona importante. ¿En qué se asemeja o se diferencia tu representación de la de los tótems de los grupos indígenas?

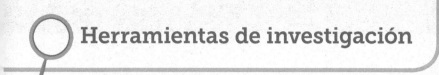

Explorar Comparar y contrastar

Podrás comprender mejor las ideas de un texto si **comparas y contrastas** los detalles que da el autor.

1. Lee el texto.

Esto te permitirá saber de qué se trata.

2. Piensa en cómo está organizado el texto.

Si el texto está dividido en secciones, enfocadas cada una en un lugar o un grupo de personas, busca temas que el autor mencione en cada sección, como las viviendas y las costumbres. Es posible que el autor espere que tú hagas comparaciones.

3. Vuelve a leer y busca características del texto.

A menudo, los autores emplean características del texto para destacar las semejanzas y diferencias entre las ideas. Para analizar las características del texto, observa los encabezados, el texto con viñetas y las imágenes.

4. Escribe notas en un diagrama.

Estas notas pueden ser útiles más tarde para recordar lo que leíste.

Trabaja con la clase para completar un círculo del diagrama de Venn de la página 27 con información de la página anterior sobre el pueblo tlinguit.

¡Investiga!

Lee las páginas 28 a 35 del Material complementario. Usa tus destrezas de investigación para comparar el pueblo tlinguit con otros dos grupos indígenas de esta lección. Ten en cuenta dónde vivía cada grupo, sus costumbres y sus objetos. En el diagrama de Venn, muestra qué es único de cada grupo y qué es común entre ellos.

Pueblo tlinguit _____

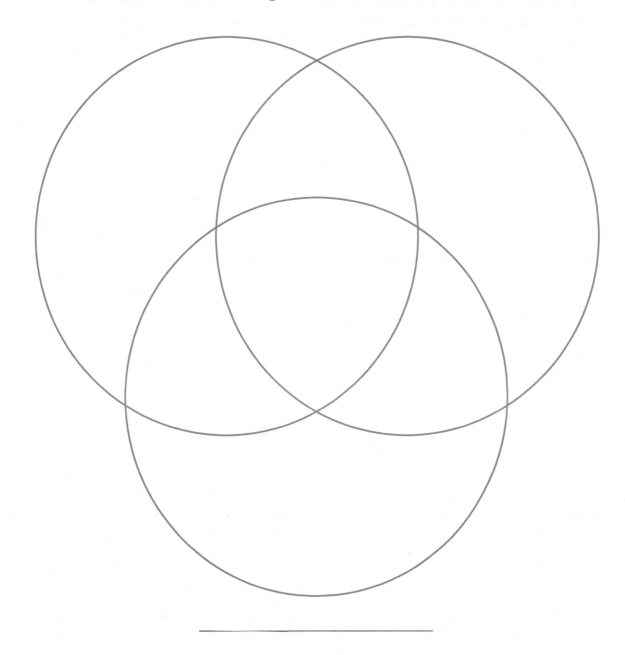

Piénsalo

Según tu investigación, ¿cómo influyeron los abundantes recursos en la cultura de los indígenas norteamericanos de la Costa del Pacífico?

Escríbelo

Tomar una posición

Escribir y citar evidencias Compara los objetos y las viviendas de dos grupos indígenas de esta lección. En un párrafo, escribe una opinión sobre qué grupo crees que estaba mejor preparado para relacionarse con el entorno y por qué.

_____

_____

_____

_____

_____

_____

_____

_____

_____

_____

_____

_____

_____

_____

_____

_____

_____

Coméntalo

Defender tu posición

En grupos pequeños, compara y contrasta los indígenas norteamericanos sobre los que aprendiste esta semana con los grupos del Suroeste de la Lección 2. ¿Cómo influyen en la cultura la vida en un desierto y la vida en la Costa del Pacífico?

Geografía

Conexión con la  PE

Combinar ideas

Piensa en lo que has aprendido de los indígenas de la Costa del Pacífico. Ten en cuenta la ubicación de las ciudades más importantes del mundo. Aplica lo que sabes sobre el influjo del entorno en los pueblos de la Costa del Pacífico para explicar por qué las personas tienden a reunirse en ciertas zonas.

_____

_____

_____

_____

_____

PE Notas del Proyecto de investigación

_____

_____

_____

_____

_____

_____

_____

Lección 4

¿De qué forma influyeron las Grandes Llanuras en las tradiciones de los pueblos que las habitaban?

Resultados de la lección

¿Qué estoy aprendiendo?

En esta lección, usarás tus destrezas de investigación para explorar las tradiciones de los pueblos indígenas de las Grandes Llanuras.

¿Por qué lo estoy aprendiendo?

Leer y hablar sobre dónde y cuándo vivieron los pueblos de las Grandes Llanuras te permitirá comprender sus tradiciones y formas de vida.

¿Cómo sabré que lo aprendí?

Podrás comparar y contrastar las funciones de los hombres y las mujeres en los pueblos de las Grandes Llanuras para explicar sus tradiciones y formas de vida.

Coméntalo

COLABORAR

Observar los detalles ¿Qué muestra la pintura? ¿Qué función crees que cumplía el búfalo en la vida de los pueblos de las Grandes Llanuras?

Los pueblos de las Llanuras dependían del búfalo, llamado más exactamente bisonte. Una vez que llegaron los caballos a América, los cazadores de las Llanuras podían correr tan rápido como los búfalos.

1 Inspeccionar

Mirar Examina el objeto de la página siguiente. ¿Qué información puedes deducir de las tradiciones del pueblo lakota?

Comenta las pistas que te permiten responder estas preguntas:

- ¿Quién hizo el objeto?
- ¿De qué está hecho?
- ¿Cómo se usaba?

Mis notas

_____

_____

_____

_____

_____

_____

_____

_____

_____

_____

_____

_____

_____

_____

El calendario de invierno de los lakota

El calendario de invierno (*winter count*) de la página siguiente es un calendario ilustrado creado por los lakotas de las Grandes Llanuras. Cada año, los líderes se reunían para comentar los sucesos memorables. Sobre la piel de un animal, hacían una pictografía, o símbolo, que describía el suceso más memorable. Nombraban el año según ese suceso. Así, se referían a un suceso con el nombre de un año. Un guardián, que solía ser un hombre, servía de historiador y guardaba el calendario año tras año. Las mujeres se ocupaban de confeccionar ropa y construir tipis.

El objeto se llama "calendario de invierno" porque se medían los años desde la primera nevada de invierno hasta la primera del año siguiente. Este calendario recuerda sucesos desde 1800 hasta 1871. Las pictografías aparecen cronológicamente desde el centro del espiral. Mientras que hay imágenes relacionadas con el alimento y la caza, otras muestran batallas con europeos o visitas de estos. Por ejemplo:

- La primera imagen de esta página muestra que los europeos llevaron mantas con rayas al pueblo lakota entre 1853 y 1854.

- La segunda imagen, abajo a la izquierda, muestra que los lakotas tenían mucha carne de búfalo entre 1845 y 1846.

- La tercera imagen muestra que 30 lakotas fueron asesinados por los crow entre 1800 y 1801.

calendario de invierno por Perro Solitario, 1801–1876

2 Hallar evidencias

Observar otra vez ¿Cómo está organizado el calendario de invierno? ¿Cómo te permite esa organización comprender el calendario?

3 Hacer conexiones

Hacer un dibujo Trabaja con un compañero o compañera. Elaboren su propia forma de mostrar con pictografías los sucesos más importantes de las últimas dos o tres semanas en la escuela. ¿Por qué incluyeron esos sucesos?

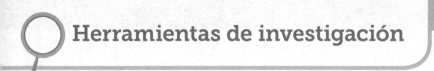

Herramientas de investigación

Explorar Comparar y contrastar

Podrás comprender mejor las ideas de un texto si **comparas y contrastas** los detalles que da el autor.

1. Lee el texto.

Esto te permitirá saber de qué se trata.

2. Piensa en lo que el autor quiere que sepas.

Cuando comparas dos cosas, dices en qué se asemejan. Cuando contrastas cosas, dices en qué se diferencian. Considera lo que el autor quiere que sepas de las semejanzas y diferencias entre las funciones de los hombres, las mujeres y niños en la cultura de las Llanuras.

3. Vuelve a leer y busca características del texto.

A menudo, los autores emplean características del texto para destacar las semejanzas y diferencias entre las ideas. Para analizar las características del texto, observa los encabezados, el texto con viñetas y las imágenes.

4. Escribe notas en una tabla.

Estas notas pueden ser útiles más tarde para recordar lo que leíste.

A partir del texto que acabas de leer, trabaja con la clase para completar la siguiente tabla.

Funciones de los hombres de las Llanuras	Funciones de las mujeres de las Llanuras
Los hombres eran los guardianes del calendario de invierno.	

¡Investiga!

Lee las páginas 36 a 43 del Material complementario. Usa tus destrezas de investigación para buscar evidencia en el texto de las funciones tradicionales de los hombres y las mujeres de las Grandes Llanuras. Esta tabla te servirá para organizar tus notas.

Funciones de los hombres de las Llanuras	Funciones de las mujeres de las Llanuras

Piénsalo

Revisa tu investigación e imagina que eres un *blogger* que investiga los pueblos de las Llanuras. ¿Cuáles fueron las características más memorables que aprendiste de ellos?

Escríbelo

Comparar y contrastar

Escribe una entrada informativa de un blog sobre las diversas actividades y responsabilidades de los hombres y las mujeres de los grupos indígenas de las Llanuras.

_____

_____

_____

_____

_____

_____

_____

_____

_____

_____

_____

_____

_____

_____

_____

_____

Coméntalo

Explicar tu razonamiento

Conversa con un compañero o compañera sobre lo que aprendiste. Por turnos, comenten cómo la actividad les permitió comprender las diferencias entre las funciones de los hombres y las mujeres en los pueblos de las Llanuras.

Geografía

Conexión con la

Combinar ideas

Piensa en los pueblos que estudiaste en esta lección. ¿Cómo influyó la geografía en su vida?

_____

_____

_____

_____

_____

_____

_____

Notas del Proyecto de investigación

_____

_____

_____

_____

_____

_____

Lección 5

¿Qué impacto tuvieron los Bosques Orientales en la vida de los pueblos originarios?

Resultados de la lección

¿Qué estoy aprendiendo?

En esta lección, usarás tus destrezas de investigación para explorar cómo sobrevivieron y se desarrollaron los indígenas norteamericanos de los Bosques Orientales.

¿Por qué lo estoy aprendiendo?

Leer y hablar sobre la vida de los indígenas que vivían en esta región te permitirá comprender las destrezas para resolver problemas que les permitieron sobrevivir y prosperar.

¿Cómo sabré que lo aprendí?

Podrás describir las destrezas que tenían los indígenas de los Bosques Orientales para resolver problemas, dar una opinión sobre el ejemplo más importante de resolución de problemas de la región y respaldar tu opinión con evidencia.

Coméntalo

COLABORAR

Observar los detalles Examina la imagen y lee la leyenda. De acuerdo con la imagen, ¿cuáles crees que eran las ventajas de la vivienda comunal? Sustenta tu opinión con detalles.

Los iroqueses vivían en casas grandes, llamadas viviendas comunales, que albergaban a varias familias.

1 Inspeccionar

Mirar Examina la ilustración del exterior y el interior de una vivienda comunal iroquesa.

- **Describe** la forma de la vivienda comunal.
- **Identifica** el material de la vivienda comunal.
- **Comenta** con un compañero o compañera por qué los iroqueses habrán elegido vivir en viviendas comunales.

Mis notas

_____

_____

_____

_____

_____

_____

_____

_____

_____

_____

_____

_____

_____

Las viviendas comunales iroquesas

Si bien los hombres solían construir pequeños *wigwams* cuando salían a cazar, el tipo principal de vivienda de los iroqueses era la vivienda comunal. Llevaba tiempo construir estas casas grandes. Sin embargo, eran construidas con materiales resistentes para que los iroqueses pudieran vivir en aldeas permanentes cerca de la tierra que cultivaban. A menudo, hacían las paredes con árboles jóvenes, cuya madera resistente y flexible también se podía doblar para hacer el techo. Cubrían la parte exterior con grandes trozos de corteza de árbol.

La vivienda comunal iroquesa en promedio medía 16 pies de ancho, 15 pies de alto y 60 pies de longitud, pero algunas viviendas podían llegar a medir 300 pies de longitud. Estas viviendas tenían varios compartimentos para las distintas familias. Cuando un hombre se casaba, se mudaba a la vivienda comunal de su esposa para vivir con la familia extensa de ella. Estas familias eran conocidas como clanes. A medida que el clan crecía, podía añadir compartimentos a su vivienda comunal.

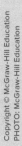

2 Hallar evidencias

Mirar Nota cómo está organizado el interior de la vivienda comunal. ¿Cómo crees que esta organización podía facilitar la vida de las personas que la habitaban?

Examinar Observa la ropa de cama y el pasillo de la vivienda comunal. ¿Cómo crees que la forma de la vivienda influía en las personas que vivían en ella?

3 Hacer conexiones

Conversar Comenta con un compañero o compañera las partes de la vivienda comunal. ¿Qué problema se resuelve con cada una de ellas? Sustenta tu opinión con detalles de la ilustración.

Escribir Explica lo que más te gusta del diseño de la vivienda comunal.

Explorar Problema y solución

Identificar los **problemas y soluciones** de lo que lees te permitirá comprender los pueblos que estás estudiando y evaluar su habilidad para superar desafíos.

1. **Lee todo el texto una vez.**

   Esto te permitirá saber de qué se trata.

2. **Mira las ilustraciones, los diagramas y los títulos de las secciones.**

   Esto te permitirá ubicar y comprender conceptos importantes.

3. **Piensa en los problemas que debían enfrentar los pueblos sobre los que estás leyendo.**

   Esto te permitirá reconocer las soluciones cuando las veas.

4. **Halla datos clave sobre los problemas y las soluciones.**

   Mientras lees, pregúntate: *¿Qué detalles hacen que este problema resulte difícil de resolver? ¿Qué detalles de la solución hacen que esta funcione?*

 A partir del texto que acabas de leer, las ilustraciones y los diagramas, trabaja con tu clase para completar la siguiente tabla

Problema	Solución	Detalles clave
Cómo proveer el mejor tipo de refugio		

¡Investiga!

Lee las páginas 44 a 53 del Material complementario. Usa tus destrezas de investigación para identificar los problemas que debían enfrentar los indígenas de los Bosques Orientales y las soluciones que idearon. Organiza la información en la tabla.

Problema	Solución	Detalles clave

Piénsalo

A partir de tu investigación, ¿qué tan bien resolvían sus problemas los indígenas norteamericanos de los Bosques Orientales?

Escríbelo

Tomar una posición

Escribir y citar evidencias En tu opinión, ¿cuál fue el ejemplo más significativo de resolución de problemas en los Bosques Orientales? Haz una lista con tres razones que sustenten tu opinión. Incluye referencias a las páginas.

_____

_____

_____

_____

_____

_____

_____

_____

_____

_____

_____

_____

_____

_____

_____

Coméntalo

Defender tu posición

Conversa con un compañero o compañera que haya elegido otro ejemplo de resolución de problemas. Túrnense para comentar sus opiniones y las evidencias que las sustentan. ¿Estás de acuerdo o en desacuerdo con la opinión de tu compañero o compañera?

Geografía

Conexión con la

Combinar ideas

Piensa en los pueblos y los eventos sobre los que has leído y conversado en esta lección. ¿Cómo resolvieron los problemas que presentaba su entorno?

_____

_____

_____

_____

Notas del Proyecto de investigación

_____

_____

_____

_____

_____

_____

¿Cómo se vieron afectadas las vidas de los pueblos originarios por su entorno?

Proyecto de investigación

Expresa cómo era la vida entonces...

En este proyecto tendrás que hacer una exposición para un museo de uno de los pueblos indígenas de este capítulo. Haz un cartel o un diorama en el que muestres un aspecto de su vida diaria y expongas cómo influyó el entorno en la vida de dicho pueblo indígena. Además, haz una placa de museo en la que haya una descripción de tu recurso visual.

Completar tu proyecto

Emplea la lista de comprobación para evaluar tu proyecto. Si dejaste de lado algunas cosas, ¡ahora tienes la oportunidad de incluirlas!

☐ Di sobre qué pueblo indígena hiciste tu investigación.

☐ Muestra en el cartel o diorama un aspecto concreto de la vida diaria, la vida espiritual o un aspecto de la cultura del pueblo indígena.

☐ Incluye detalles que muestren que comprendes a cabalidad tu tema de investigación.

☐ Sustenta la información con evidencias sólidas.

☐ Comprueba que en el cartel o diorama sea clara la información.

Compartir tu proyecto

Comenta tu proyecto con un compañero o compañera. Túrnense para decir qué aprendió cada uno en su investigación. A continuación, deberán seleccionar dos detalles importantes y presentarlos a la clase.

Reflexionar sobre tu proyecto

Piensa en el trabajo que realizaste en este capítulo y en tu proyecto. Guía tus ideas con las siguientes preguntas.

1. ¿Por qué elegiste el pueblo indígena norteamericano de tu investigación? _____

2. ¿Cómo llevaste a cabo tu investigación? ¿Harías algo de manera distinta la próxima vez? _____

_____

3. ¿Cómo te aseguraste de que tus fuentes fueran confiables?_____

_____

Conexiones del capítulo

Muestra con dibujos, palabras o ambos lo que aprendiste en este capítulo.

Lo más interesante que aprendí fue:

Algo que aprendí de un compañero o compañera fue:

Una conexión que puedo hacer con mi propia vida es:

¿Cómo nos afecta el lugar donde vivimos?

Diferencias regionales

Has leído sobre cómo la región donde vivían influyó en la vida de los indígenas. El clima, la vegetación y la geografía repercutieron en su vestimenta, su vivienda, su dieta y sus tradiciones. Ahora leerás sobre regiones del hemisferio occidental e investigarás el impacto de la geografía, el clima y la vegetación en nuestra vida. También pensarás en cómo las personas afectan la región donde viven.

Coméntalo

Semejanzas y diferencias

En las fotografías hay dos tipos de viviendas del desierto. Una es de los antiguos indígenas pueblo y la otra es su versión actual. ¿Qué semejanzas y diferencias ves? ¿Por qué el diseño de los antiguos pueblos aún es útil en la región desértica?

vivienda de los antiguos indígenas pueblo en el Parque Nacional Mesa Verde

vivienda moderna construida según el estilo pueblo

¡Investiga!

Lee sobre las regiones físicas, climáticas y de vegetación del hemisferio occidental en las páginas 56 a 65 de tu Material complementario. A medida que leas, reflexiona: **¿Cómo nos afecta el lugar donde vivimos?**

Piénsalo

Has leído y hablado sobre las características físicas, climáticas y de vegetación del hemisferio occidental. Ahora piensa en el lugar donde te encuentras. ¿Qué impacto tienen el terreno, el clima y la vegetación en la vida de las personas que viven ahí?

Escríbelo

Escribir y citar evidencias

Escribe una corta descripción o haz un dibujo del territorio, el clima y la vegetación de la región donde vives. A continuación, describe cómo estas características influyen en la vida de las personas. Ten en cuenta cosas como su vestimenta durante el año, las actividades que hacen al aire libre, cómo se desplazan de un lugar a otro y qué tipos de trabajos realizan.

Coméntalo COLABORAR

Defender tu posición

Conversa con un compañero o compañera y comparen las ideas que ambos tienen sobre cómo la geografía, el clima y la vegetación influyen en su vida cotidiana. ¿Qué semejanzas y diferencias identifican?

La era de exploración

¿Qué ocurrió cuando se cruzaron los caminos de diversas culturas?

En este capítulo leerás acerca de por qué las potencias europeas decidieron explorar y tomar posesión de algunos territorios de las Américas. También aprenderás sobre cómo la exploración europea influyó en las vidas de los pueblos indígenas que vivían allí.

Coméntalo

Comenta con un compañero o compañera cuáles son las preguntas que tienen sobre lo que les ocurrió tanto a los europeos como a las culturas indígenas como resultado de la era de la exploración. A medida que investigan, busquen respuestas a sus preguntas. ¡Comencemos!

Proyecto de investigación

Los exploradores europeos: ¡Colécciónalos!

Elige un explorador europeo analizado en este capítulo, que no sea Cristóbal Colón. Haz una "tarjeta coleccionable" de este explorador con una imagen de él en el frente. En el respaldo, escribe "estadísticas" o datos importantes, como dónde y cuándo nació, qué fue lo que lo motivó a explorar las Américas y cómo su expedición influyó en su país y en los indígenas con los que interactuó. Luego, escribe una conclusión en la que evalúes si sus acciones fueron, principalmente, positivas o negativas.

Lista de verificación del proyecto

- ☐ **Analiza** la tarea. Asegúrate de comprender qué se espera que hagas.

- ☐ **Elige** un explorador de este capítulo.

- ☐ **Investiga** la historia del explorador y de su expedición. Toma notas.

- ☐ **Haz** una tarjeta coleccionable.

- ☐ **Escribe** una conclusión en la que expliques si sus acciones fueron, principalmente, positivas o negativas.

Mi plan de investigación

Escribe las preguntas de investigación que te ayuden a planificar tu proyecto. Puedes añadir preguntas a medida que llevas a cabo tu investigación.

_____

_____

_____

_____

_____

Explorar palabras

Completa el Registro de palabras de este capítulo. Toma notas a medida que aprendas más acerca de cada palabra.

asentamiento

Mis notas

☐ La conozco.

☐ La escuché.

☐ No la conozco.

buque de guerra

Mis notas

☐ La conozco.

☐ La escuché.

☐ No la conozco.

carta

Mis notas

☐ La conozco.

☐ La escuché.

☐ No la conozco.

colonia

Mis notas

☐ La conozco.

☐ La escuché.

☐ No la conozco.

conquista

Mis notas

☐ La conozco.

☐ La escuché.

☐ No la conozco.

diverso

Mis notas

☐ La conozco. _____

☐ La escuché. _____

☐ No la conozco. _____

mercader

Mis notas

☐ La conozco. _____

☐ La escuché. _____

☐ No la conozco. _____

navegación

Mis notas

☐ La conozco. _____

☐ La escuché. _____

☐ No la conozco. _____

reclamar

Mis notas

☐ La conozco. _____

☐ La escuché. _____

☐ No la conozco. _____

resistencia

Mis notas

☐ La conozco. _____

☐ La escuché. _____

☐ No la conozco. _____

¿Por qué exploraron las Américas los españoles?

Resultados de la lección

¿Qué estoy aprendiendo?

En esta lección, usarás tus destrezas de investigación para aprender cómo y por qué los exploradores españoles fueron los primeros en venir a las Américas.

¿Por qué lo estoy aprendiendo?

Leer y hablar sobre esta lección te ayudará a comprender los logros de los primeros exploradores españoles, como Cristóbal Colón, y cómo influyeron en el desarrollo de la América colonial.

¿Cómo sabré que lo aprendí?

Podrás aplicar la causa y el efecto para comprender los avances que hicieron que los primeros exploradores españoles, como Colón, pudieran navegar hasta las Américas. Podrás escribir un anuncio en el que describas uno de estos avances tecnológicos y expliques cómo ayudarían a un explorador en su viaje.

Coméntalo
COLABORAR

Examinar los detalles Lee la carta de Colón. ¿Qué te muestra sobre los objetivos o motivos de los primeros exploradores españoles que vinieron a las Américas?

En sus palabras... Cristóbal Colón

... daba yo [a los habitantes] graciosas mil cosas buenas, que yo llevaba, porque tomen amor, y allende de esto se hagan cristianos, y se inclinen al amor y servicio de Sus Altezas y de toda la nación castellana, y procuren de ayuntar y nos dar de las cosas que tienen en abundancia, que nos son necesarias.

—Tomado de la Carta de Colón a la reina Isabel y el rey Fernando después de su primer viaje en 1493

Diagrama de una carabela

1 Inspeccionar

Mirar Examina esta imagen. ¿Qué muestra?

- **Subraya** las palabras que no conozcas que estén utilizadas como rótulos.
- **Encierra en un círculo** las partes de la imagen que muestren lo que esos rótulos señalan.
- **Comenta** en pareja qué tipo de barco navegó Colón hacia las Américas.

Mis notas

_____

_____

_____

_____

_____

_____

_____

_____

_____

_____

_____

_____

_____

La carabela era un barco de navegación pequeño y liviano. Fue diseñado por los portugueses y utilizado por los españoles a finales del siglo XV. Su vela latina (triangular) y sus velas cuadradas atrapaban el viento para que el barco navegara más rápido. La carabela tenía una popa, la parte de atrás, y un timón que permitía conducirla fácilmente. Tenía una quilla, o fondo, poco profunda que permitía llegar mucho más cerca de la costa que otros barcos. También tenía una gran bodega de carga para almacenar las provisiones necesarias en un viaje largo. La *Niña* y la *Pinta*, dos de los barcos con los que Colón navegó hacia las Américas, eran carabelas.

Velas latinas

Popa

Timón

Quilla

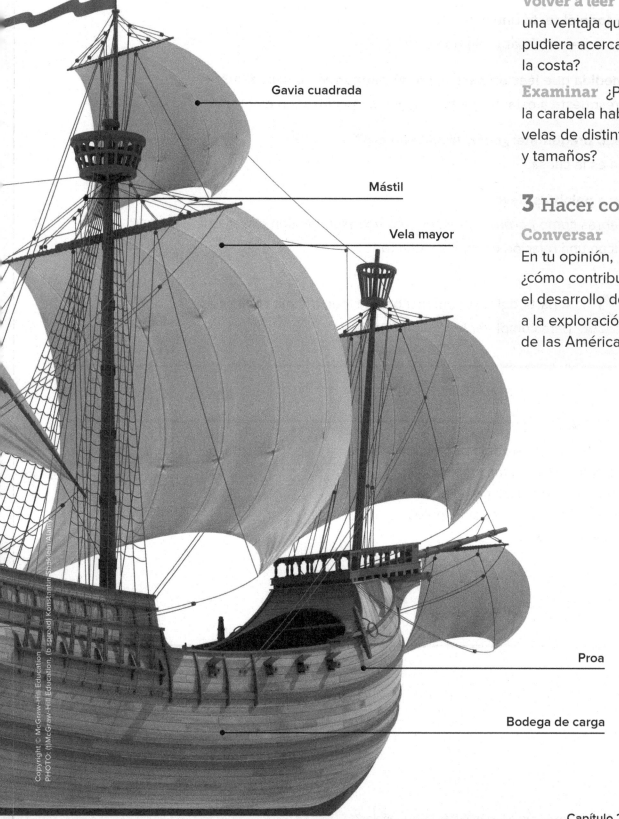

Gavia cuadrada

Mástil

Vela mayor

Proa

Bodega de carga

2 Hallar evidencias

Volver a leer ¿Por qué sería una ventaja que la carabela pudiera acercarse más a la costa?

Examinar ¿Por qué la carabela habrá tenido velas de distintas formas y tamaños?

3 Hacer conexiones

Conversar

COLABORAR

En tu opinión, ¿cómo contribuyó el desarrollo de la carabela a la exploración española de las Américas?

Explorar Causa y efecto

Identificar **la causa y el efecto** te ayudará a comprender por qué ocurrieron los sucesos en la historia.

1. **Lee todo el texto una vez.**

   Esto te permitirá saber de qué se trata.

2. **A medida que leas un pasaje, pregúntate:** *¿qué ha sucedido?*

   La respuesta a esta pregunta te ayuda a identificar un efecto.

3. **Luego pregúntate:** *¿por qué sucedió eso?*

   Esta es la causa.

4. **Busca palabras clave.**

   Palabras como *porque*, *entonces* y *como resultado* son claves que indican una relación de causa y efecto.

COLABORAR

A partir del texto que acabas de leer, trabaja con la clase para completar la siguiente tabla.

Causa	Efecto
Las velas de la carabela permitían que el barco fuera más rápido, y su gran bodega de carga podía almacenar provisiones suficientes para largos viajes.	

¡Investiga!

Lee las páginas 72 a 81 del Material complementario.

Usa tus destrezas de investigación para identificar los avances que permitieron que los españoles exploraran las Américas.

Esta tabla te servirá para organizar la información.

Causa		Efecto
	→	
	→	
	→	
	→	
	→	

Piénsalo

Revisa tu investigación sobre los desarrollos que facilitaron la exploración española de las Américas. ¿Qué invento crees que fue el más importante? ¿Por qué?

Escríbelo

Ser persuasivo

Escribir un anuncio Escribe un anuncio en el que describas cómo funciona el invento que elegiste y por qué un explorador podría hallarlo útil. Busca una imagen en Internet para ilustrar tu anuncio.

_____

_____

_____

_____

_____

_____

_____

_____

_____

_____

_____

_____

_____

_____

_____

_____

Coméntalo

COLABORAR

Defender tu elección

Repasa los objetivos de los exploradores españoles. Luego, comenta cómo el invento que elegiste podría ayudarlos a cumplir esos objetivos.

Historia

Conexión con la

PREGUNTA PE ESENCIAL

Combinar ideas

Explica cómo el invento que elegiste ayudó a los exploradores españoles, como Cristóbal Colón, y cómo podría haber influido en la exploración y el desarrollo de la América colonial.

_____

_____

_____

_____

_____

_____

_____

_____

_____

PREGUNTA PE ESENCIAL

Notas del Proyecto de investigación

_____

_____

_____

_____

Lección 2

¿De qué manera la exploración española cambió la vida de los pueblos de las Américas?

Resultados de la lección

¿Qué estoy aprendiendo?

En esta lección, usarás tus destrezas de investigación para aprender cómo el contacto y la exploración española en las Américas cambiaron las vidas de los indígenas que vivían allí.

¿Por qué lo estoy aprendiendo?

Leer y hablar sobre los efectos del contacto y la exploración española te ayudará a comprender los cambios que ocurrieron y que determinaron el futuro de las Américas.

¿Cómo sabré que lo aprendí?

Podrás identificar las causas y explicar los efectos del intercambio colombino y de la conquista, exploración y colonización españolas de las Américas.

Coméntalo

COLABORAR

Observar los detalles Examina la imagen de Cortés y sus hombres. A partir de la pintura, ¿crees que terminarán de forma pacífica o violenta sus interacciones con los indígenas?

Copyright © McGraw-Hill Education
PHOTO: (t)McGraw-Hill Education

Hernán Cortés en Veracruz en 1519, donde decidió fundar una aldea

1 Inspeccionar

Mirar Examina este mapa. ¿Qué tipo de elementos muestra?

- **Subraya** las plantas que viajaron entre las Américas y Europa.
- **Encierra en un círculo** los animales que viajaron entre las Américas y Europa.
- **Comenta** en pareja los efectos que estos elementos podrían haber tenido en los pueblos involucrados en el intercambio.

Mis notas

_____

_____

_____

_____

_____

_____

_____

_____

_____

El intercambio colombino

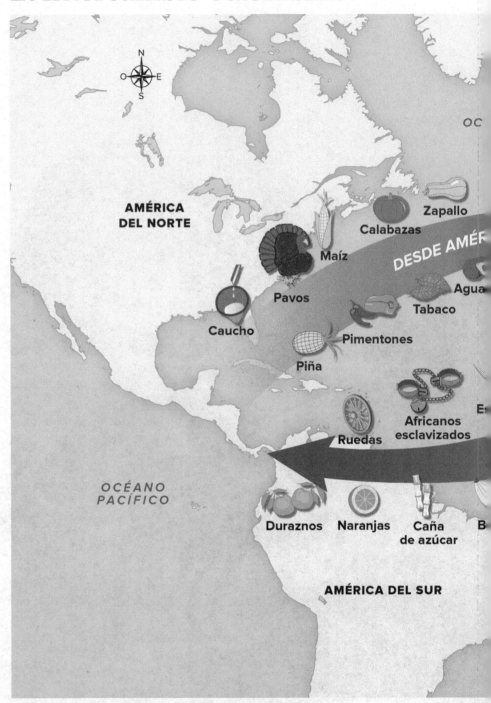

El intercambio colombino cambió la vida a ambos lados del océano Atlántico. Los pueblos de las Américas ahora tenían acceso al ganado y los europeos estaban expuestos a nuevos alimentos vegetales. La población de Europa creció, pero muchas personas en las Américas murieron como resultado de enfermedades provenientes de Europa.

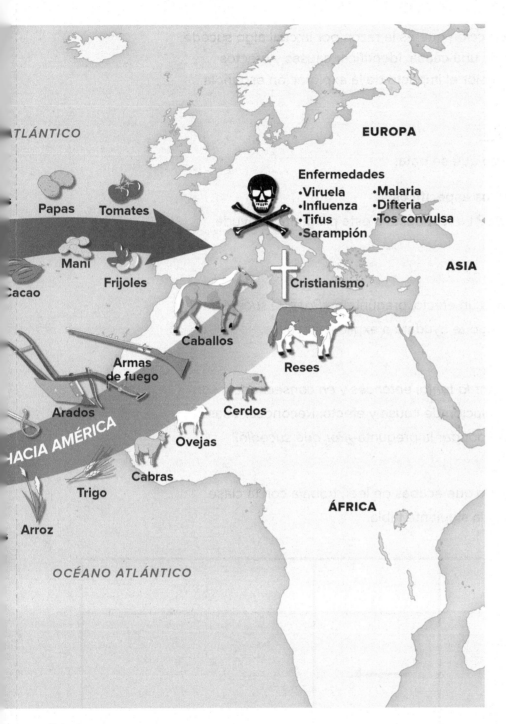

ATLÁNTICO

EUROPA

Papas

Tomates

Enfermedades
- Viruela
- Influenza
- Tifus
- Sarampión
- Malaria
- Difteria
- Tos convulsa

Maní

Frijoles

Cacao

ASIA

Caballos

Cristianismo

Reses

Armas de fuego

Cerdos

Arados

Ovejas

HACIA AMÉRICA

Cabras

ÁFRICA

Trigo

Arroz

OCÉANO ATLÁNTICO

2 Hallar evidencias

Volver a leer Además de elementos como alimentos y tecnología, ¿qué otras cosas intercambiaron? ¿Fueron todas beneficiosas?

3 Hacer conexiones

Conversar

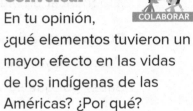

COLABORAR

En tu opinión, ¿qué elementos tuvieron un mayor efecto en las vidas de los indígenas de las Américas? ¿Por qué?

Explorar Causa y efecto

Una **causa** es un suceso o acción que es la razón por la cual algo sucede.
Un **efecto** es el resultado de una causa. Identificar causas y efectos
te ayudará a comprender mejor el impacto de la exploración española
de las Américas.

1. **Lee todo el texto una vez.**

   Esto te permitirá saber de qué se trata.

2. **Presta atención a cambios específicos.**

   Pregúntate: *¿Qué sucedió?* La respuesta a esta pregunta te ayuda
   a identificar un efecto.

3. **Busca explicaciones.**

   Cuando hayas identificado un efecto, pregúntate: *¿Por qué sucedió?*
   Saber por qué sucedió algo te ayudará a explicar su causa.

4. **Busca palabras clave.**

   Palabras como *porque, por lo tanto, entonces* y *en consecuencia* son
   claves que indican una relación de causa y efecto. Reconocer esas
   palabras te ayudará a responder la pregunta *¿Por qué sucedió?*

COLABORAR A partir del texto que acabas de leer, trabaja con la clase
para completar la siguiente tabla.

Causas		Efectos
Se introdujeron muchos alimentos vegetales en Europa.	→	
Muchas enfermedades llegaron a las Américas.	→	

¡Investiga!

Lee las páginas 82 a 93 del Material complementario. Usa tus destrezas de investigación para determinar las causas y los efectos de la conquista y la colonización española. Esta tabla te servirá para organizar la información.

Causas		Efectos
	→	
	→	
	→	
	→	
	→	
	→	

Piénsalo

Tu maestro asignará uno de estos exploradores o conquistadores sobre los que has leído: Juan Ponce de León, Hernán Cortés, Francisco Pizarro, Álvar Núñez Cabeza de Vaca, Hernando de Soto o Francisco Vázquez de Coronado. Basándote en lo que has leído, ¿qué tan exitosa crees que fue esa persona?

Escríbelo

Escribe un ensayo

Elige un explorador o conquistador *diferente* del que se te asignó. Escribe un ensayo informativo de tres párrafos sobre el impacto que el explorador o conquistador tuvo en los pueblos indígenas de las Américas.

_____

_____

_____

_____

_____

_____

_____

_____

_____

_____

_____

_____

_____

_____

_____

Coméntalo

Compartir tus ideas

Forma un grupo con otros estudiantes que hayan escrito sobre el mismo explorador o conquistador español. Comenten qué fue lo más importante de sus logros.

Historia

Conexión con la  PE

Considerar un resultado diferente

Piensa en los detalles del material que has leído. A partir de esos detalles, ¿cómo imaginas que habrían sido las vidas de los indígenas si los españoles no hubieran llegado a América? ¿Habrían sido mejores?

_____

_____

_____

_____

_____

PE ESENCIAL

Notas del Proyecto de investigación

_____

_____

_____

_____

_____

_____

_____

Lección 3

¿De qué manera la exploración europea afectó a las Américas?

Resultados de la lección

¿Qué estoy aprendiendo?

En esta lección, usarás tus destrezas de investigación para examinar cómo la exploración y colonización europeas influyeron en las Américas.

¿Por qué lo estoy aprendiendo?

Leer y hablar sobre la exploración y colonización europeas en las Américas te ayudará a comprender cómo comenzó el periodo colonial y de qué manera los indígenas se vieron afectados.

¿Cómo sabré que lo aprendí?

Podrás mostrar tu comprensión acerca de cómo los europeos influyeron en las Américas al estudiar mapas y podrás demostrar tu comprensión sobre cómo los europeos interactuaban con los indígenas al escribir sobre esos encuentros.

Coméntalo

COLABORAR

Observar los detalles ¿Qué parece estar ocurriendo? ¿Cómo parece sentirse cada una de las personas respecto a los otros?

Jacques Cartier se encuentra con indígenas en lo que ahora es Montreal, Canadá.

Un atajo a Asia

1 Inspeccionar

Mirar Observa el mapa. ¿Qué parte del mundo muestra?

Leer Examina el título del mapa, su leyenda y el texto. ¿De qué trata el mapa? ¿Qué representan las líneas de color?

Encerrar en un círculo Marca información clave en el mapa y en el texto.

- palabras importantes y fechas
- nombres de los exploradores
- rótulos más importantes del mapa

Comentar En tu opinión, ¿qué era el Paso del Noroeste? ¿Lograron los exploradores encontrarlo?

Mis notas

_____

_____

_____

_____

_____

_____

_____

Muchos de los exploradores europeos que llegaron a América del Norte entre finales del siglo XV y principios del siglo XVII en realidad estaban intentando llegar a Asia. El comercio con Asia podía ser muy rentable, especialmente cuando de especias se trataba. Sin embargo, llegar a Asia navegando alrededor de África era difícil y peligroso. Los gobernantes europeos querían saber si se podría llegar de otra manera.

Los viajes que se muestran en el mapa de la siguiente página tuvieron lugar entre los años 1497 y 1611 y fueron financiados por los gobiernos de Inglaterra, Francia y Holanda.

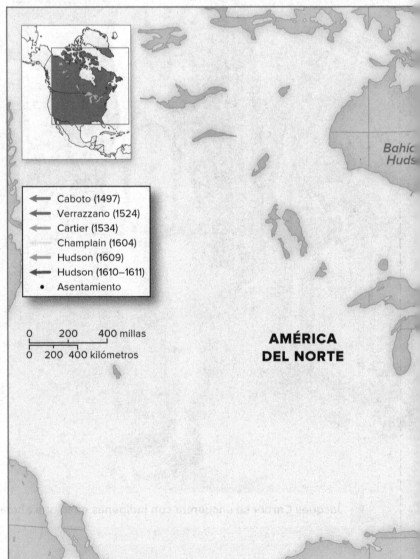

Caboto (1497)
Verrazzano (1524)
Cartier (1534)
Champlain (1604)
Hudson (1609)
Hudson (1610–1611)
• Asentamiento

0   200   400 millas
0   200 400 kilómetros

Bahía Huds

AMÉRICA DEL NORTE

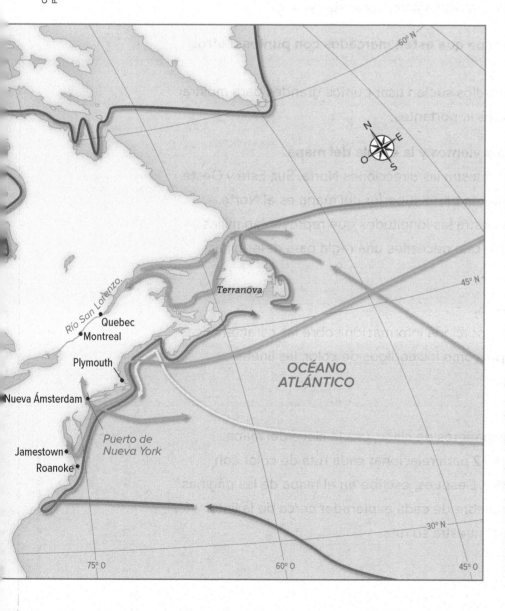

Europeos en búsqueda del Paso del Noroeste, 1497–1611

Río San Lorenzo

Quebec
Montreal

Terranova

Plymouth

Nueva Ámsterdam

OCÉANO ATLÁNTICO

Jamestown
Roanoke

Puerto de Nueva York

60° N

45° N

30° N

75° O   60° O   45° O

2 Hallar evidencias

Mirar atentamente
Teniendo en cuenta la información del mapa, ¿qué exploradores duraron más tiempo intentando hallar el Paso del Noroeste?

Analizar Compara la ruta de Cartier en 1534 y la de Hudson en 1610 con las otras cuatro rutas. ¿Qué hace que esas dos rutas sean diferentes?

3 Hacer conexiones

Comentar Conversa con un compañero o compañera. Comparte tu opinión sobre qué explorador estuvo más cerca de hallar el Paso del Noroeste. Da razones para sustentar tu opinión.

Herramientas de investigación

Leer un mapa

Los mapas pueden proporcionar muchos tipos de información. Mira el mapa en la página siguiente y piensa en qué información presenta.

Para analizar un mapa, sigue estos pasos:

1. Lee el título del mapa.

Esto te dará una buena idea de la información más importante que el cartógrafo quiere proporcionar.

2. Lee los rótulos del mapa.

Identifica las diferencias en tamaño y estilo de la tipografía. Los rótulos más grandes pueden mostrar regiones más grandes. La cursiva puede mostrar masas de agua u otras características del terreno.

3. Busca lugares en el mapa que estén marcados con puntos u otros marcadores.

Por ejemplo, los cartógrafos suelen usar puntos grandes para mostrar la ubicación de ciudades importantes.

4. Identifica la rosa de los vientos y la escala del mapa.

La rosa de los vientos muestra las direcciones Norte, Sur, Este y Oeste. En casi todos los mapas, la parte superior del mapa es el Norte. La escala del mapa muestra las longitudes que representan millas o kilómetros. Es posible que necesites una regla para determinar la escala.

5. Busca la clave del mapa.

Es un recuadro que proporciona información sobre las características especiales de un mapa, como los códigos de color, las líneas punteadas o los íconos.

Con tus compañeros de clase, usa la clave del mapa en la página 72 para relacionar cada ruta de color con su explorador. Después, escribe en el mapa de las páginas 72 y 73 el nombre de cada explorador cerca de la línea de color que muestra su ruta.

Copyright © McGraw-Hill Education

74 Lección 3 ¿De qué manera la exploración europea afectó a las Américas?

¡Investiga!

Lee las páginas 94 a 103 del Material complementario. Usa tus destrezas de investigación para hallar evidencias en el texto que te permitan completar la información que falta en la clave del mapa. Escribe el nombre del país que tomó posesión del territorio que se muestra con cada color en el mapa.

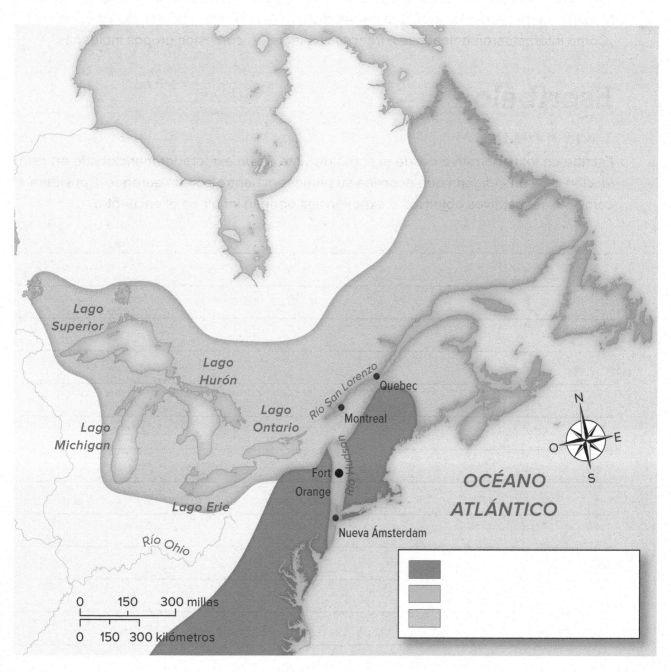

Piénsalo

Revisa tu investigación. A partir de lo que has leído, ¿cuáles eran los objetivos de Holanda, Francia e Inglaterra en sus exploraciones de las Américas?

Coméntalo COLABORAR

Compara los mapas de las colonias europeas de esta lección con el de la página 45 del Material complementario. ¿Con qué grupos indígenas se habrán encontrado los europeos? ¿Cómo interactuaron holandeses, franceses e ingleses con estos grupos indígenas?

Escríbelo

Texto narrativo

Escribe un texto narrativo desde el punto de vista de un explorador mencionado en esta lección o de un indígena que describa su primer encuentro con un europeo. Considera cómo sus respectivos objetivos o experiencias podrían influir en el encuentro.

_____

_____

_____

_____

_____

_____

_____

_____

_____

_____

_____

_____

Historia

Conexión con la

Contrastar

Vuelve sobre el contenido del capítulo y comenta en qué se diferenciaban las relaciones entre los indígenas y los distintos exploradores europeos.

_____

_____

_____

_____

_____

_____

_____

_____

_____

_____

Notas del Proyecto de investigación

_____

_____

_____

_____

_____

_____

_____

¿Qué ocurrió cuando se cruzaron los caminos de diversas culturas?

Proyecto de investigación

Di cómo están conectadas las diversas culturas...

Para este proyecto, harás una tarjeta coleccionable de un explorador europeo que no sea Colón. Para terminar, escribe una conclusión que evalúe si sus acciones fueron en su mayoría positivas o negativas.

Completar tu proyecto

Utiliza la siguiente lista de comprobación para evaluar tu proyecto. Si olvidaste algo, ¡ahora es tu oportunidad incluirlo!

- ☐ En el frente de la tarjeta, muestra una imagen del explorador que investigaste.

- ☐ En el respaldo de la tarjeta, muestra datos clave sobre el explorador, como dónde y cuándo nació, qué lo llevó a explorar las Américas y cómo su expedición influyó en su país y también en los pueblos indígenas.

- ☐ Incluye un resumen de cómo las acciones del explorador fueron en su mayoría positivas o negativas.

- ☐ Respalda la información de tu explorador con evidencias sólidas.

- ☐ Comunica claramente la información en tu tarjeta.

Compartir tu proyecto

Proyecta ambos lados de tu tarjeta o reparte copias a tus compañeros de clase. Comenta los hechos más importantes relacionados con tu explorador. Brinda detalles en orden lógico; por ejemplo, en orden cronológico o por medio de causas y efectos. Menciona continuamente tu tarjeta. Utilízala para aclarar los detalles de tu presentación.

Reflexionar sobre tu proyecto

Piensa en el trabajo que realizaste en este capítulo y en tu proyecto. Guía tus ideas con las siguientes preguntas.

1. ¿Por qué elegiste al explorador sobre el que investigaste?

_____

2. ¿Harías de manera diferente tu investigación la próxima vez? ¿Cómo?

_____

_____

3. ¿Cómo te aseguraste de que las fuentes fueran confiables?

_____

_____

Conexiones del capítulo

Muestra con dibujos, palabras o ambos lo que aprendiste en este capítulo.

Lo más interesante que aprendí fue:

Algo que aprendí de un compañero o compañera fue:

Una conexión que puedo hacer con mi propia vida es:

¿Por qué los productos e ideas van de un lugar a otro?

Mercados y recursos

Cuando los europeos llegaron al hemisferio occidental, a finales del siglo XV, querían comerciar. El comercio con Asia le había dado grandes riquezas a Europa, y los europeos buscaban una ruta más corta a India y otros países asiáticos. Algunos de los países europeos que enviaron exploradores hacia el oeste fueron España, Inglaterra, Francia, Holanda, Portugal y Suecia.

Ahora investigarás el impacto del comercio exterior hoy.

Coméntalo

Comenta

Mira los barcos. En las imágenes se muestra un barco de la época de la exploración europea de las Américas y un barco actual. Ambos transportan mercancías para el comercio. En tu opinión, ¿qué productos obtenemos de barcos provenientes de países extranjeros hoy? ¿Por qué necesitamos importar estos productos?

¡Investiga!

Lee sobre comercio exterior en las páginas 106 a 109 del Material complementario. Mientras lees, piensa en la pregunta: **¿Por qué los productos e ideas van de un lugar a otro?**

Piénsalo

Piensa en un producto o servicio popular que Estados Unidos importa. ¿Por qué importamos este producto? Luego piensa en un producto o servicio que Estados Unidos exporta. ¿Por qué otros países quieren este producto?

Escríbelo

Escribir y citar evidencias

¿Es bueno el comercio para nuestra economía y nuestras vidas? Describe los beneficios y desventajas del comercio. Luego, enumera tres razones que sustenten tu opinión. Incluye evidencias.

_____

_____

_____

_____

_____

Razones

1. _____

_____

2. _____

_____

3. _____

_____

Coméntalo COLABORAR

Defender tu posición

Comenta con un compañero o compañera tu opinión sobre el comercio. Túrnense para comentar su opinión y las evidencias de apoyo. ¿Estás de acuerdo o en desacuerdo con la opinión de tu compañero? ¿Por qué?

Capítulo 3

Un continente que cambia

PREGUNTA PE ESENCIAL

¿Qué impacto tiene el asentamiento de personas en un nuevo lugar?

En este capítulo aprenderás cómo los asentamientos europeos afectaron las tierras y los pueblos indígenas de América del Norte. También aprenderás cómo Inglaterra, Francia y España competían por tierras y poder en América del Norte, e identificarás cómo las relaciones con grupos de indígenas influyeron en el éxito de cada asentamiento.

Coméntalo

COLABORAR

Comenta con un compañero o una compañera las preguntas que tengan sobre cómo se desarrollaron los asentamientos europeos en América del Norte y cómo afectaron al continente y a los indígenas. A medida que investigan, busquen respuestas para sus preguntas. ¡Comencemos!

Proyecto de investigación

Cuenta ambos lados de la historia

Escribe una narrativa breve que ilustre las relaciones entre un grupo específico de pobladores europeos y los indígenas norteamericanos con los que se encontraron. Describe de manera clara los eventos desde ambos lados con diálogos y descripciones eficaces. Identifica los efectos de esas relaciones en la forma de vida de los indígenas y los beneficios o fracasos que hayan experimentado los europeos.

Lista de verificación del proyecto

☐ **Analiza** la tarea. Asegúrate de entender lo que se te pide que hagas.

☐ **Escoge** un asentamiento comentado en el capítulo.

☐ **Investiga** el origen del asentamiento y las relaciones con los indígenas norteamericanos locales. Toma notas.

☐ **Escribe** una narrativa sobre esas relaciones, usando detalles y hechos del texto.

☐ **Trabaja** con un grupo pequeño. Lean en voz alta sus narrativas.

☐ **Comenta** los efectos de las relaciones entre el asentamiento y los grupos de indígenas norteamericanos.

Mi plan de investigación

Escribe las preguntas de investigación que te ayuden a planificar tu proyecto. Puedes añadir preguntas a medida que llevas a cabo tu investigación.

_____

_____

_____

_____

Explorar palabras

Completa el Registro de palabras de este capítulo. Toma notas a medida que aprendas más acerca de cada palabra.

ambiente

☐ La conozco.
☐ La escuché.
☐ No la conozco.

Mis notas

_____
_____
_____

asamblea

☐ La conozco.
☐ La escuché.
☐ No la conozco.

Mis notas

_____
_____
_____

comercio

☐ La conozco.
☐ La escuché.
☐ No la conozco.

Mis notas

_____
_____
_____

cultivo comercial

☐ La conozco.
☐ La escuché.
☐ No la conozco.

Mis notas

_____
_____
_____

demanda

☐ La conozco.
☐ La escuché.
☐ No la conozco.

Mis notas

_____
_____
_____

discordia

Mis notas

☐ La conozco.

_____

☐ La escuché.

_____

☐ No la conozco.

_____

encomiendas

Mis notas

☐ La conozco.

_____

☐ La escuché.

_____

☐ No la conozco.

_____

misionero

Mis notas

☐ La conozco.

_____

☐ La escuché.

_____

☐ No la conozco.

_____

pacto

Mis notas

☐ La conozco.

_____

☐ La escuché.

_____

☐ No la conozco.

_____

propietario

Mis notas

☐ La conozco.

_____

☐ La escuché.

_____

☐ No la conozco.

_____

Lección 1

¿Cómo cooperaron y discreparon los primeros pobladores ingleses con los indígenas norteamericanos?

Resultados de la lección

¿Qué estoy aprendiendo?

En esta lección, usarás tus destrezas de investigación para comprender la historia de la primera colonia permanente de Inglaterra en América del Norte y cómo los colonos y los indígenas norteamericanos se afectaron entre sí.

¿Por qué lo estoy aprendiendo?

Leer y hablar de la colonia de Jamestown te servirá para aprender cómo interactúan diferentes culturas y cómo se conectan las acciones y las decisiones.

¿Cómo sabré que lo aprendí?

Podrás explicar las causas y los efectos de los fracasos y éxitos de Jamestown.

Coméntalo

COLABORAR

Observar el mapa ¿Qué características distingues del asentamiento? ¿Cuál es la importancia de estas características?

el fuerte James en la colonia de Jamestown

1 Inspeccionar

Leer Primero, lee el texto introductorio y, luego, lee la cita en el recuadro de Fuente primaria. ¿En qué se relacionan?

- **Encierra en un círculo** palabras usadas de maneras diferentes a las usuales. Intenta determinar su significado a partir del contexto.

- **Comenta** con un grupo si el tiempo de hambruna se podría haber evitado si John Smith no hubiera sido herido.

Mis notas

_____

_____

_____

_____

_____

_____

_____

_____

_____

_____

El tiempo de hambruna

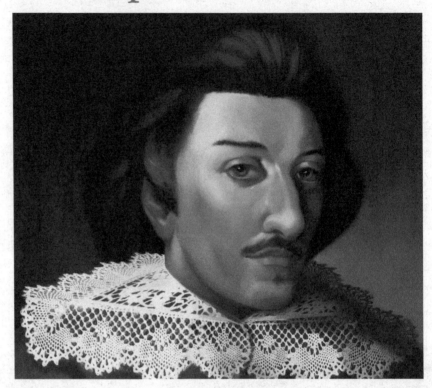

George Percy

En 1609, el capitán John Smith fue herido en un accidente con pólvora. Sus heridas lo obligaron a volver a Inglaterra, y un noble llamado George Percy ocupó su lugar como líder de la colonia de Jamestown. Smith había tenido un papel fundamental al mejorar las relaciones con los powhatanes y garantizar el trabajo duro de los colonos. Sin él, no estaban preparados para la sequía que llegó más tarde ese mismo año, y el jefe Powhatan se rehusó a ayudarlos. A pesar de que el jefe Powhatan había simpatizado con Smith y lo había respetado, no sentía lo mismo por los otros pobladores. De hecho, se sintió insultado cuando la Compañía de Virginia le regaló una corona para identificarlo como príncipe bajo el mando del rey James. Además, la sequía perjudicó a su propio pueblo. Al ver la colonia débil y vulnerable, el líder powhatan decidió hacer pasar hambre a los pobladores hasta que abandonaran sus tierras y ordenó a sus hombres que mataran a todo colono que intentara cazar o recolectar alimentos fuera del fuerte. Para la primavera de 1610, solo quedaban 60 colonos en Jamestown.

En sus palabras... George Percy

"Tiempo de hambruna" de Jamestown

Ahora, todos nosotros en Jamestown empezamos a sentir la profunda punzada del hambre que nadie puede describir sino aquel que haya experimentado su inclemencia. Un mundo de miserias que sigue como secuela se expresará ante ustedes, en tal medida que algunos, para satisfacer el hambre, han robado el almacén, por lo cual ordené su ejecución.

Luego, tras habernos alimentado de caballos y otras bestias mientras duraron, recurrimos a alimañas, como perros, gatos, ratas y ratones. Todos eran peces que llegaban a la red para satisfacer un hambre tan cruel como para comer botas, zapatos o cualquier otro cuero que se pudiera encontrar, y una vez que todo se agotó y fue devorado, algunos tuvieron que buscar en los bosques, alimentarse de serpientes y víboras y excavar las tierras para tomar raíces silvestres y desconocidas. Allí muchos de nuestros hombres fueron amputados y asesinados por los salvajes.

—Traducido de *A True Relation (A Trewe Relacyon)*, de George Percy, mediados de la década de 1620

Copyright © McGraw-Hill Education
TEXT: Percy, George. "Jamestown: 1609-10, The Starving Time." In *A True Relation*. London, 1624.; PHOTO: McGraw-Hill Education

2 Hallar evidencias

Volver a leer ¿Qué detalles incluye George Percy en su versión para reforzar la idea de que en la colonia morían de hambre? ¿Por qué son eficaces esos detalles?

¿Qué significa la oración "Todos eran peces que llegaban a la red para satisfacer un hambre tan cruel"? ¿Se refiere Percy a peces reales?

3 Hacer conexiones

Conversar
¿Cuál fue la causa fundamental del tiempo de hambruna? Comenta y defiende tu opinión con tu grupo.

COLABORAR

En tu opinión, ¿qué efectos a largo plazo tuvo el tiempo de hambruna en la colonia?

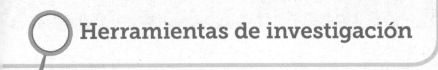

Explorar Causa y efecto

Algunos de los eventos sobre los que leerás en esta lección tienen relaciones de causa y efecto. Para comprender mejor la historia, es importante saber de causas y efectos. Las causas de eventos históricos explican por qué ocurrió algo y los efectos muestran por qué esos eventos son importantes para las personas posteriormente.

1. **Busca palabras o frases de transición que se relacionen con causas y efectos.**

   Porque, *por lo tanto*, *como resultado*, *para* y otras palabras o frases de transición similares pueden indicar relaciones de causa y efecto.

2. **Toma notas de la cronología.**

   En general, en los textos se presentan relaciones de causa y efecto en el orden en que ocurren los dos eventos. Sin embargo, esto no siempre es así, por lo tanto, debes prestar atención.

3. **Analiza los eventos.**

   ¿Habría ocurrido un evento sin esta causa particular? ¿Habría tenido el mismo efecto si el evento anterior no hubiese tenido lugar? Hazte preguntas como estas para determinar cuán sólidas son las relaciones entre dos eventos.

4. **Ten en cuenta que un evento puede tener más de una causa o más de un efecto.**

    A partir del texto que acabas de leer, completa con la clase la siguiente tabla.

Causa		Efecto
John Smith regresó a Inglaterra.	→	

¡Investiga!

Lee las páginas 118 a 127 del Material complementario. Usa tus destrezas de investigación para identificar relaciones de causa y efecto en el texto. Busca eventos en el texto que hayan mejorado o empeorado las relaciones entre los colonos y los powhatanes. Cada evento será la "causa", mientras que lo que ocurrió como resultado de cada evento es el "efecto". Usa esta información para completar el organizador gráfico.

Causa		Efecto
	➡	
	➡	
	➡	
	➡	

Piénsalo

Revisa tu investigación. A partir de la información que reuniste, ¿las relaciones entre los colonos y los indígenas norteamericanos ayudaron o perjudicaron a Jamestown?

Escríbelo

Tomar una posición

Escribir y citar evidencias Defiende tu idea identificando por lo menos tres ejemplos de la historia de Jamestown que indiquen si la relación con los indígenas ayudó o perjudicó la colonia de Jamestown. Usa evidencia del texto para sustentar tu opinión.

_____

_____

_____

_____

_____

_____

_____

_____

_____

_____

_____

_____

_____

_____

_____

Coméntalo

Defender tu posición

Escoge una pareja que esté en desacuerdo contigo sobre las relaciones entre los powhatanes y los colonos. Trabajen juntos para trazar las diferencias entre sus opiniones. ¿Cambiaste de posición luego de escuchar a tu compañero o compañera?

 Historia

Conexión con la

Combinar ideas

Piensa en la relación cambiante entre los colonos ingleses y el pueblo powhatan. ¿Cómo podría haber determinado esta relación la futura interacción entre colonos ingleses e indígenas norteamericanos?

_____

_____

_____

_____

_____

_____

_____

Notas del Proyecto de investigación

_____

_____

_____

_____

Lección **2**

¿Cómo compitieron los primeros pobladores europeos entre sí y con los indígenas norteamericanos?

Resultados de la lección

¿Qué estoy aprendiendo?

En esta lección, usarás tus destrezas de investigación para explorar cómo los colonos europeos competían entre sí y con los indígenas norteamericanos.

¿Por qué lo estoy aprendiendo?

Leer y hablar de la competencia entre los pobladores europeos y los indígenas te servirá para comprender cómo y por qué los diferentes grupos intentaron ganar poder sobre los otros.

¿Cómo sabré que lo aprendí?

Podrás explicar las diferentes estrategias de los europeos y de los grupos indígenas de América y evaluar los resultados económicos de sus esfuerzos.

Coméntalo

COLABORAR

Observar los detalles ¿Qué grupos están involucrados en la batalla? ¿Quiénes pelean contra quiénes?

Copyright © McGraw-Hill Education
PHOTO: (t)McGraw-Hill Education

94 Lección 2 ¿Cómo compitieron los primeros pobladores europeos entre sí y con los indígenas norteamericanos?

Los hombres de Samuel de Champlain se aliaron
con los algonquinos en la lucha contra los iroqueses.

1 Inspeccionar

Leer Fíjate en el título. ¿De qué crees que tratará el texto?

- **Encierra en un círculo** las palabras que no conozcas.
- **Subraya** pistas con las que puedas responder estas preguntas:
  - ¿Dónde está el río San Lorenzo?
  - ¿Quiénes utilizaron el río?
  - ¿Por qué fue importante?

Mis notas

_____

_____

_____

_____

_____

_____

_____

_____

_____

_____

Río San Lorenzo: En el corazón de Nueva Francia

El río San Lorenzo une la zona de los Grandes Lagos con el océano Atlántico. Los exploradores franceses esperaban que el río San Lorenzo les permitiera atravesar América del Norte. El río no permitía eso, pero sí proveía una ruta para el comercio y la exploración de Canadá y lo que hoy es el norte de Estados Unidos.

Samuel de Champlain fue uno de los primeros europeos en navegar el río en 1603. En ese momento, lo llamó el río de Canadá. Champlain publicó un informe de sus viajes en Francia. Los escritos de Champlain inspiraron mayor apoyo de la exploración del río San Lorenzo. En 1608, Champlain y un grupo de colonos se instalaron a orillas del río y llamaron Quebec a esa región.

La colonia de Nueva Francia usó esta larga vía fluvial para transportar pieles y otros bienes. Desde puestos comerciales ubicados tan lejos al interior como Chicago y Detroit, los colonos podían trasladar fácilmente los bienes hacia el océano Atlántico para luego cruzarlo. Como los pueblos solían instalarse cerca de las aguas, el río San Lorenzo también le permitía a los franceses establecer relaciones con muchos de los grupos indígenas de la región. Esta red comercial en torno al río San Lorenzo jugó un papel fundamental en la economía de Nueva Francia.

**Samuel de Champlain llega a la ciudad de Quebec
por el río San Lorenzo.**

2 Hallar evidencias

Volver a leer Haz una lista de tres razones por las que el río San Lorenzo fue importante para Nueva Francia.

Subraya los nombres de lugares conectados por el río San Lorenzo.

3 Hacer conexiones

Conversar En tu opinión, ¿los indígenas norteamericanos se beneficiaron o sufrieron como resultado de la red comercial en el río San Lorenzo?

¿Cómo te sirve esta imagen para comprender la forma en la que los marineros franceses navegaron el río San Lorenzo?

Explorar Ideas principales y detalles

El punto del autor es la **idea principal** de un texto. Es lo que el autor quiere que los lectores comprendan. Él o ella sustenta la idea principal con **detalles**. A veces, un texto tiene más de una idea principal. Los detalles son hechos o evidencia del tema.

Para comprender las ideas principales y los detalles:

1. Lee todo el texto.

Esto te permitirá saber de qué se trata.

2. Observa los títulos de las secciones.

Pueden ser pistas para saber cómo está organizado el texto y pueden servirte para entender de qué trata principalmente cada sección.

3. Vuelve a leer el primer y último párrafo de cada sección.

Es posible que estos párrafos expongan la idea principal o te den pistas sobre cuál es la idea principal.

4. Identifica detalles clave.

Busca información, hechos o evidencias importantes que parezcan apoyar la idea principal.

 A partir del texto que acabas de leer, completa con toda la clase la siguiente tabla.

Idea principal	Detalles
El río San Lorenzo jugó un papel fundamental en el desarrollo de Nueva Francia.	

¡Investiga!

Lee las páginas 128 a 139 del Material complementario. Usa tus destrezas de investigación para buscar evidencias del texto que traten de los objetivos o motivaciones de los países europeos para colonizar las Américas. Esta tabla te servirá para organizar tus notas.

Idea principal	Detalles

Piénsalo

Revisa tu investigación. A partir de la información que reuniste, ¿qué crees que era lo que más les interesaba de América del Norte a las potencias europeas? ¿Cómo incidió esto en los pueblos que ya habitaban en América del Norte?

Escríbelo

Escribir un cuento

Escribe un breve cuento desde el punto de vista de un indígena norteamericano o de un colono. Explica quién eres, de dónde vienes y cómo incidió la colonización europea de América del Norte en tu vida. Utiliza detalles del texto en tu cuento.

_____

_____

_____

_____

_____

_____

_____

_____

_____

_____

_____

_____

_____

_____

_____

Coméntalo

Comparar cuentos

Trabaja con un compañero o una compañera que haya elegido otro punto de vista para su relato. ¿Cuáles fueron las implicaciones de la colonización europea de América del Norte? ¿Cuáles fueron los beneficios?

 Economía

Conexión con la

Comparar

Piensa en los efectos duraderos de la colonización europea en América del Norte. ¿Cómo influyó el comercio en la relación de los europeos con los indígenas?

_____

_____

_____

_____

_____

_____

_____

Notas del Proyecto de investigación

_____

_____

_____

_____

_____

Lección 3

¿Cómo era la vida de los habitantes en Nueva Inglaterra?

Resultados de la lección

¿Qué estoy aprendiendo?

En esta lección, usarás tus destrezas de investigación para explorar cómo era la vida de pobladores e indígenas norteamericanos en Nueva Inglaterra.

¿Por qué lo estoy aprendiendo?

Leer y hablar sobre cómo era la vida en Nueva Inglaterra te servirá para aprender más de las interacciones de las personas durante el periodo colonial.

¿Cómo sabré que lo aprendí?

Podrás identificar la idea principal y los detalles clave sobre los desafíos que enfrentaron colonos e indígenas norteamericanos en Nueva Inglaterra, y luego escribir un ensayo sobre los dos desafíos más importantes que enfrentaron estas personas.

Coméntalo

COLABORAR

Observar el mapa ¿Quiénes son estas personas? ¿Cómo interactúan entre sí? ¿Cómo lo sabes?

Primer Día de Acción de Gracias en Plymouth
de Jennie Augusta Brownscombe

1 Inspeccionar

Leer Fíjate en el texto. ¿Cuál es el propósito del texto?

- **Encierra en un círculo** las palabras que no conozcas.
- **Subraya** pistas que hablen del propósito de la carta.
- **Comenta** por qué William Hilton escribió esta carta. ¿Qué esperaba que hiciera su primo?

Mis notas

_____

_____

_____

_____

_____

_____

_____

_____

_____

_____

_____

_____

_____

La recompensa de las Américas

Colonos como William Hilton soportaban muchas dificultades en sus viajes a América del Norte. Por dos meses, navegaban en embarcaciones estrechas para atravesar un océano agitado y tempestuoso. Padecían enfermedades, hambre y mareo. Con suerte, llegaban a construir un asentamiento sin más peligros. Sin embargo, a menudo sus peores temores se volvían realidad cuando chocaban con indígenas o no podían cultivar alimentos. Afortunadamente, Hilton comenzó bien su nueva vida.

FUENTE PRIMARIA

Estimado primo:

Al llegar a Nueva Plymouth, en Nueva Inglaterra, hallamos a todos nuestros amigos y colonos con buena salud, a pesar de haber llegado enfermos y débiles, con muy pocos recursos. Los indígenas que viven a nuestro alrededor son pacíficos y amigables; la zona es muy agradable y templada, y produce naturalmente una gran cantidad de frutas, como vides de diversos tipos y en abundancia.

También hay nueces, castañas, pequeños frutos secos y ciruelas, y muchas variedades de flores, raíces y hierbas, no menos agradables que sanas y provechosas. Ningún lugar tiene más y mejores grosellas espinosas y fresas. Árboles de todas las clases que hay en Inglaterra cubren los suelos y albergan bestias de diferentes especies y grandes bandadas de pavos, codornices, palomas y perdices. Hay muchos lagos extensos en los que abundan peces, aves, castores y nutrias.

El mar nos provee de una gran cantidad de peces de todo tipo y los ríos e islas, de una variedad de aves silvestres de las especies más provechosas. Hallamos minas, al menos eso creemos; pero no conocemos su valor o calidad. No puede existir mejor grano que el maíz indígena, si se planta en suelo tan bueno como el que cualquier hombre puede desear. Todos somos propietarios de nuestras tierras, el día de renta no es un problema; y todas esas buenas bendiciones que tenemos y enumeramos están en temporada para tomarlas.

Nos acompañan, principalmente, personas muy religiosas y honestas; la palabra de Dios nos es enseñada sinceramente cada domingo; por tanto, no sé qué podría necesitar aquí una mente satisfecha. Deseo que envíes tu amable atención a mi esposa e hijos por mí, lo mismo deseo para todos los amigos que tengo en Inglaterra; y así descansaré.

Tu primo que te quiere,

William Hilton

—Traducido de *Chronicles of the Pilgrim Fathers of the Colony of Plymouth, from 1602–1625* de Alexander Young. Boston: Charles C. Little and James Brown, 1841.

2 Hallar evidencias

Vuelve a leer la frase "Todos somos propietarios". ¿Cuál es la pista del contexto para el significado de la palabra "propietario"? ¿Por qué ser propietario significa tanto para Hilton? **Subraya** los detalles que ilustren por qué esta nueva condición es importante para Hilton. ¿Cómo esto te sirve para entender por qué algunas personas hacían ese largo y peligroso viaje para instalarse en Nueva Inglaterra?

3 Hacer conexiones

Conversar

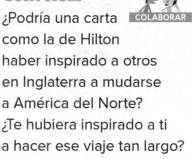

¿Podría una carta como la de Hilton haber inspirado a otros en Inglaterra a mudarse a América del Norte? ¿Te hubiera inspirado a ti a hacer ese viaje tan largo?

Explorar Ideas principales y detalles

La **idea principal** de un texto es lo que el autor quiere que los lectores sepan sobre un tema. El autor usa **detalles clave** para sustentar la idea principal. A veces, el texto expone la idea principal, pero, otras veces, los lectores deben inferir la idea principal a partir de los detalles clave.

Para hallar la idea principal y los detalles clave:

1. Lee todo el texto.

Esto te permitirá saber de qué se trata.

2. Observa los títulos de las secciones.

Pueden ser pistas para saber cómo está organizado el texto y pueden servirte para entender de qué trata principalmente cada sección.

3. Vuelve a leer el primer y el último párrafo de cada sección.

Es posible que estos párrafos expongan la idea principal o te den pistas sobre cuál es la idea principal.

4. Identifica detalles clave.

Busca información, hechos o evidencias importantes que parezcan apoyar la idea principal.

 COLABORAR A partir del texto que acabas de leer, trabaja con toda la clase para completar la siguiente tabla.

Detalle
La idea principal es que la tierra en la que estaban era un gran lugar para instalarse.
Idea principal

¡Investiga!

Lee las páginas 140 a 151 del Material complementario. Usa tus destrezas de investigación para buscar evidencia del texto que trate de los detalles clave y la idea principal. Piensa en los desafíos que enfrentaron los indígenas norteamericanos y los pobladores ingleses en Nueva Inglaterra.

Detalle

Detalle

Detalle

Idea principal

Piénsalo

Revisa tu investigación. A partir de la información que reuniste, ¿cuáles crees que fueron los dos desafíos más grandes que debieron enfrentar los colonos y los indígenas de Nueva Inglaterra?

Escríbelo

Escribir y citar evidencias

Escribe un ensayo informativo sobre los dos desafíos más grandes que debieron enfrentar los pobladores y los indígenas de Nueva Inglaterra. Usa hechos y detalles del texto para sustentar tu respuesta.

_____

_____

_____

_____

_____

_____

_____

_____

_____

_____

_____

_____

_____

_____

_____

_____

Coméntalo

Explicar tu razonamiento

Comenta tu ensayo con un compañero o una compañera. ¿Escribieron sobre los mismos problemas? ¿Estás de acuerdo con lo que tu pareja escogió?

Historia

Conexión con la

Hacer conexiones

¿Cómo influenciaron a los futuros pobladores los objetivos de los peregrinos y los puritanos al asentarse en América del Norte?

_____

_____

_____

_____

_____

_____

_____

_____

Notas del Proyecto de investigación

_____

_____

_____

Lección 4

¿Qué dio forma a la vida en las colonias centrales?

Resultados de la lección

¿Qué estoy aprendiendo?

En esta lección, usarás tus destrezas de investigación para aprender de la vida en las colonias centrales: Nueva York, Nueva Jersey, Pensilvania y Delaware.

¿Por qué lo estoy aprendiendo?

Leer y hablar de las colonias centrales te servirá para comprender mejor el periodo colonial y cómo el pasado aún incide en la vida de esa zona hoy.

¿Cómo sabré que lo aprendí?

Podrás describir características importantes de las colonias centrales, las personas que vivían allí, la forma en la que vivían y las semejanzas y diferencias entre las colonias.

Coméntalo

COLABORAR

Observar los detalles ¿Qué cualidades positivas transmite el cuadro sobre William Penn y su tratado?

El artista Benjamin West hizo este cuadro, *El tratado de William Penn con los indígenas*, casi 100 años después del suceso.

Analizar las fuentes

1 Inspeccionar

Lee el texto de la fuente primaria y las oraciones que lo presentan. ¿Qué sugiere del contenido del texto la palabra *autobiografía* en el título de la fuente?

- **Encierra en un círculo** las palabras que no conozcas.
- **Subraya** pistas que te indiquen de *quién* trata el texto, *qué* hizo esa persona y *dónde* y *cuándo* lo hizo.
- **Comenta** en pareja qué les muestra el texto sobre Benjamin Franklin.

Mis notas

_____

_____

_____

_____

_____

_____

_____

_____

_____

El joven Ben Franklin llega a Filadelfia

Benjamin Franklin se crió en Boston, donde era aprendiz en la imprenta de su hermano. Luego, discutieron porque lo que escribía le traía problemas al periódico con las autoridades. Entonces, Franklin, con tan solo diecisiete años, se fue de Boston a Filadelfia. En la siguiente página está su versión de su llegada a Filadelfia en 1723.

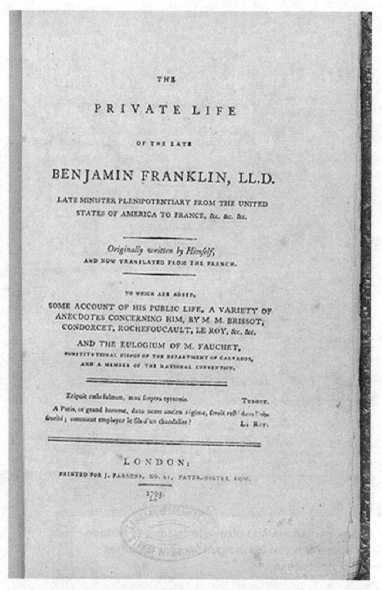

una página impresa de la autobiografía de Benjamin Franklin

Copyright © McGraw-Hill Education
TEXT: Franklin, Benjamin. The Autobiography of Benjamin Franklin. Edited by Frank Woodworth Pine. New York: Henry Holt and Company, 1916.;
PHOTO: McGraw-Hill Education

FUENTE PRIMARIA

En sus palabras... Benjamin Franklin

Caminaba por la calle, contemplando todo hasta que, cerca del mercado, me encontré con un niño que llevaba pan. Ya había hecho del pan una comida y, tras preguntar dónde lo había conseguido, me dirigí inmediatamente a la panadería que me indicó, en Second Street. Pedí un panecillo, esperando aquel que teníamos en Boston; pero, aparentemente, no se hacían en Filadelfia. Entonces, pedí un pan de tres peniques y me respondieron que no tenían de esos tampoco. Finalmente, sin considerar ni conocer las diferencias de dinero, qué era más barato o los nombres de sus panes, le pedí que me diera cualquier cosa que valiera tres peniques. Me entregó tres grandes panecillos hinchados. Me sorprendió la cantidad, pero los tomé, y sin lugar en los bolsillos, salí de la tienda con un panecillo debajo de cada brazo y comiendo el tercero...

Renovado, retomé mi caminata por la calle, que para esta hora ya contaba con muchas personas prolijamente vestidas que caminaban en la misma dirección. Me uní a ellos y me condujeron hasta la gran casa de reuniones de los cuáqueros, cerca del mercado. Tomé asiento entre ellos y, tras mirar hacia todos lados por un rato y no oír a nadie hablar, sentí tanto sueño a causa del trabajo y de la falta de sueño la noche anterior, que me dormí. Permanecí de ese modo hasta que la reunión terminó y alguien fue lo suficientemente amable de despertarme.

Esta fue, por lo tanto, la primera casa en la que estuve, o dormí, en Filadelfia.

—Traducido de *The Autobiography of Benjamin Franklin*

2 Hallar evidencias

Vuelve a leer el texto de la autobiografía de Franklin. ¿Qué primera impresión causó Filadelfia en Ben Franklin? Cita detalles para sustentar tu respuesta.

3 Hacer conexiones

Conversar

COLABORAR

Comenta en pareja las cosas que aprendieron de la Filadelfia colonial a partir de la lectura del texto de la autobiografía de Franklin.

Explorar Comparar y contrastar

Puedes comprender mejor las ideas de un texto si comparas y contrastas los detalles que brinda el autor.

1. **Lee todo el texto una vez.**

   Esto te permitirá saber de qué se trata.

2. **Observa los títulos de las secciones para saber cómo está organizado el texto.**

   ¿Ofrecen los títulos alguna pista sobre qué cualidades o características importantes se comentan en el texto?

3. **Piensa en qué quiere el autor que sepas.**

   Cuando **comparas** dos cosas, dices en qué se parecen. Cuando **contrastas** cosas, dices en qué se diferencian. Considera lo que el autor quiere que sepas sobre semejanzas y diferencias entre las colonias de Pensilvania y Nueva York.

4. **Halla las semejanzas y las diferencias específicas.**

   Mientras lees, pregúntate en qué maneras específicas se parecían las colonias de Nueva York y Pensilvania. Luego, pregúntate en qué maneras específicas se diferenciaban.

COLABORAR A partir de la fuente primaria que acabas de leer, trabaja con toda la clase para comparar Filadelfia y Boston. Indica una semejanza y una diferencia en este diagrama de Venn.

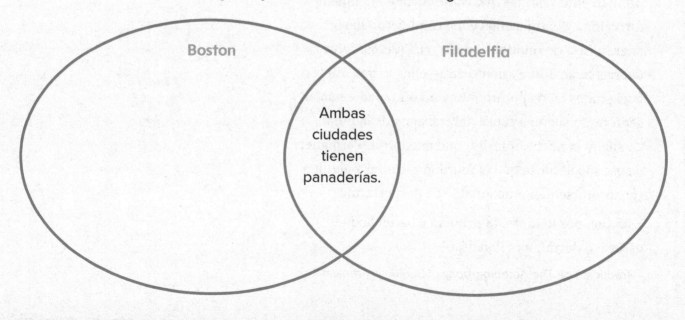

Boston   Filadelfia

Ambas ciudades tienen panaderías.

¡Investiga!

Lee las páginas 152 a 163. Luego, agrega detalles al diagrama de Venn sobre las semejanzas y las diferencias entre las colonias de Nueva York y Pensilvania. Añade al menos cinco semejanzas y seis diferencias (tres para cada colonia).

Comparar y contrastar Nueva York y Pensilvania

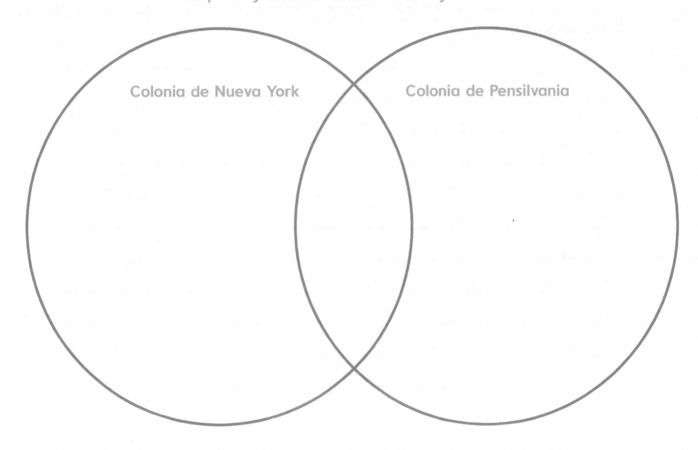

Colonia de Nueva York

Colonia de Pensilvania

Piénsalo

Repasa tu investigación. Según la información que reuniste, ¿en qué se parecía la vida en Pensilvania a la vida en Nueva York? ¿En qué se diferenciaba?

Escríbelo

Escribir un ensayo

¿Preferirías ser un poblador cuáquero en la colonia de Pensilvania o un poblador inglés en la colonia de Nueva York? Explica tu preferencia y apoya tus opiniones con hechos y detalles del texto.

_____

_____

_____

_____

_____

_____

_____

_____

_____

_____

_____

_____

_____

_____

_____

_____

_____

Coméntalo

Defender tu posición

Trabaja con un compañero o una compañera que haya preferido vivir en una colonia diferente. Comenta las razones de tu preferencia. ¿Dio tu compañero o compañera buenos argumentos que podrían hacerte cambiar de decisión?

 **Historia**

Conexión con la

Considerar causa y efecto

Piensa en la diversidad de orígenes étnicos, religiones y oportunidades económicas en las colonias centrales. ¿De qué manera la diversidad afectó la vida en estas colonias?

_____

_____

_____

_____

_____

_____

_____

_____

Notas del Proyecto de investigación

_____

_____

_____

_____

¿Qué impacto tuvo la economía en los habitantes de las colonias del Sur?

Resultados de la lección

¿Qué estoy aprendiendo?

En esta lección, usarás tus destrezas de investigación para explorar cómo la economía de las colonias del Sur definió la vida de las personas.

¿Por qué lo estoy aprendiendo?

Leer y hablar de la vida de las personas en las colonias del Sur te servirá para comprender cómo la economía definió sus vidas.

¿Cómo sabré que lo aprendí?

Podrás resumir y describir la economía de las colonias del Sur, explicar cómo esta economía agrícola condujo al aumento de la esclavitud y apoyar tu explicación con hechos y detalles del texto.

Coméntalo

COLABORAR

Observar los detalles ¿Qué dice este corte transversal de un barco de esclavos británico de las condiciones de la travesía de África a las Américas para los africanos esclavizados?

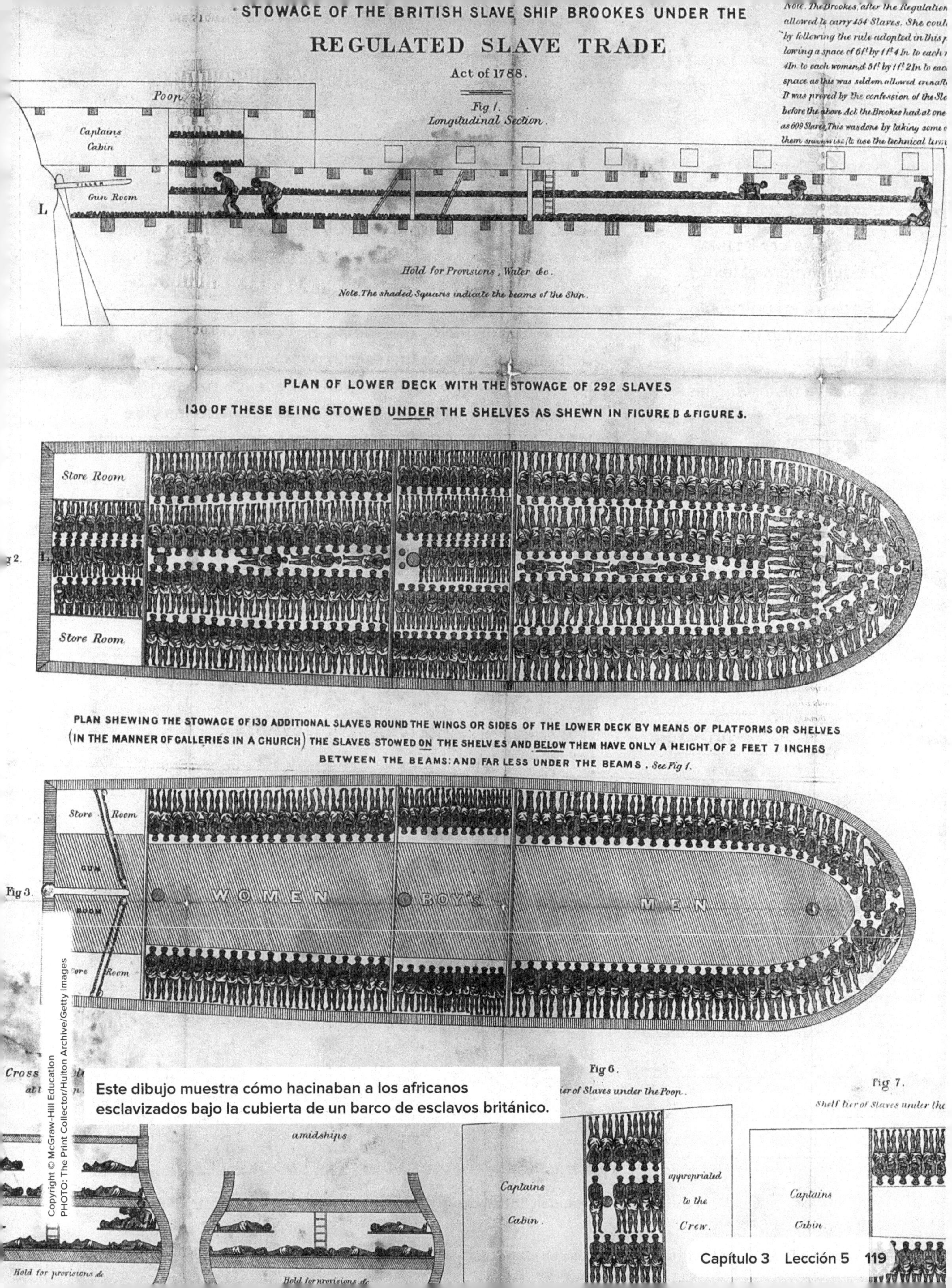

REGULATED SLAVE TRADE

Act of 1788.

Fig 1.
Longitudinal Section.

Poop.

Captains Cabin

Gun Room

Hold for Provisions, Water &c.

Note. The shaded Squares indicate the beams of the Ship.

PLAN OF LOWER DECK WITH THE STOWAGE OF 292 SLAVES
130 OF THESE BEING STOWED UNDER THE SHELVES AS SHEWN IN FIGURE B & FIGURE 5.

Store Room

Store Room

PLAN SHEWING THE STOWAGE OF 130 ADDITIONAL SLAVES ROUND THE WINGS OR SIDES OF THE LOWER DECK BY MEANS OF PLATFORMS OR SHELVES
(IN THE MANNER OF GALLERIES IN A CHURCH) THE SLAVES STOWED ON THE SHELVES AND BELOW THEM HAVE ONLY A HEIGHT OF 2 FEET 7 INCHES
BETWEEN THE BEAMS: AND FAR LESS UNDER THE BEAMS. See Fig 1.

Store Room

Store Room

Fig 3.

WOMEN   BOYS   MEN

Cross

amidships

Fig 6.

Captains Cabin

appropriated to the Crew.

Fig 7.

Captains Cabin

Hold for provisions &c

Hold for provisions &c

Este dibujo muestra cómo hacinaban a los africanos esclavizados bajo la cubierta de un barco de esclavos británico.

1 Inspeccionar

Leer Fíjate en el título. ¿De qué tratará el texto?

- **Encierra en un círculo** palabras que no conozcas.
- **Subraya** pistas con las que puedas responder las preguntas con quién, qué, dónde, cuándo y por qué.
- **Comenten** en parejas lo que saben acerca de la esclavitud en la América colonial.

Mis notas

_____

_____

_____

_____

_____

_____

_____

_____

_____

_____

_____

_____

Relato de la vida como persona esclavizada de Olaudah Equiano

Uno de los relatos más detallados de la vida de una persona esclavizada fue escrito por Olaudah Equiano en el siglo XVIII. Su autobiografía ofrece información importante del comercio de personas esclavizadas y de las experiencias de africanos esclavizados. Equiano escribió que nació en la actual Benín, en África Occidental. A la edad de 11 años, comerciantes de personas esclavizadas lo secuestraron. Su versión del viaje de África a las Indias Occidentales a bordo de un barco de esclavos es una descripción horrorosa del trato brutal a las personas esclavizadas. En el siguiente fragmento, Equiano describe una experiencia en una plantación de Virginia.

Olaudah Equiano

En sus palabras... Olaudah Equiano

Pasé algunas semanas quitando hierbas y juntando piedras en una plantación; y, finalmente, todos mis compañeros fueron distribuidos a otros lados, solo yo quedé allí. Me sentía sumamente abatido y creía estar peor que cualquiera de mis otros compañeros; ya que ellos podían hablar entre ellos, pero yo no tenía con quién conversar y que nos pudiéramos entender. En este estado, vivía sufriendo y llorando, deseando la muerte antes que cualquier otra cosa. Mientras estaba en esta plantación, sintiéndome tan mal, el caballero, a quien supuestamente pertenecían las tierras, un día me envió a su vivienda para que lo abanicara. Cuando entré en la habitación en la que se encontraba, sentí mucho temor por algunas de las cosas que vi y más aún cuando vi a una mujer negra esclava, quien cocinaba la cena. La pobre criatura estaba cruelmente cargada de diferentes tipos de máquinas de hierro; llevaba una particularmente en la cabeza, que le cerraba completamente la boca, por lo que casi no podía hablar y no podía comer o beber. Yo estaba realmente estupefacto y horrorizado por este artefacto, que después supe que se llamaba bozal de hierro. Poco después, me dieron un abanico para dar aire al caballero mientras dormía; y eso hice aunque con gran temor.

— Tomado de *Narración de la vida de Olaudah Equiano, el africano*

2 Hallar evidencias

Volver a leer En la cita de la fuente primaria, Olaudah Equiano dice que sentía miedo al abanicar a su dueño. En tu opinión, ¿por qué se sentía así?

Vuelve a leer la frase "finalmente, todos mis compañeros fueron distribuidos a otros lados, solo yo quedé allí". ¿Qué significa la palabra *distribuidos*? Menciona una palabra que tenga el mismo significado que *distribuidos*.

3 Hacer conexiones

Escribir Piensa en lo que Olaudah Equiano describe en la cita de la fuente primaria. Luego, escribe un párrafo que explique por qué crees que los colonos obligarían a otros seres humanos a vivir en las circunstancias que se describen.

COLABORAR

Explorar causa y efecto

Algunos de los eventos sobre los que leerás en esta lección tienen relaciones de causa y efecto. Para comprender mejor la historia es importante saber sobre causas y efectos. Las **causas** de los eventos históricos explican por qué ocurrieron las cosas, y los **efectos** de los eventos muestran por qué esos eventos son importantes para las personas después.

1. **Busca palabras o frases de transición que se relacionen con causas y efectos.**

   Porque, por lo tanto, como resultado, para y otras palabras o frases de transición similares pueden indicar relaciones de causa y efecto.

2. **Toma notas de la cronología.**

   En general, los textos presentan relaciones de causa y efecto en el orden en que los dos eventos ocurren. Sin embargo, esto no siempre es así, por lo tanto, debes prestar atención.

3. **Analiza los eventos.**

   ¿Habría ocurrido un evento sin esta causa particular? ¿Habría tenido el mismo efecto si el evento anterior no hubiese tenido lugar? Hazte preguntas como estas para determinar cuán sólidas son las relaciones entre dos eventos.

4. **Ten en cuenta que un evento puede tener más de una causa o más de un efecto.**

   Generalmente, hay múltiples causas para un evento histórico. De manera similar, un evento histórico puede afectar muchos eventos futuros.

 COLABORAR A partir del texto que acabas de leer, completa con toda la clase la siguiente tabla.

Causa		Efecto
Equiano vio a una mujer esclava usando un bozal de hierro.	→	

¡Investiga!

Lee las páginas 164 a 175 del Material complementario.
Usa tus destrezas de investigación para identificar los eventos
y las circunstancias que causaron el aumento de la esclavitud
en las colonias del Sur.

Causa		Efecto
	→	
	→	
	→	

Piénsalo

Revisa tu investigación. A partir de la información que reuniste, ¿cómo condujo el modo de vida de las colonias del Sur a un aumento de la esclavitud?

Escríbelo

Explicar qué ocurrió

En tus propias palabras, escribe un resumen de cómo la economía de las colonias del Sur causó un aumento de la esclavitud. Usa hechos y detalles del texto en tu resumen. ¿Cuál fue el costo humano de la esclavitud? ¿Cómo se podría haber evitado la esclavitud en la economía del Sur?

_____

_____

_____

_____

_____

_____

_____

_____

_____

_____

_____

_____

_____

_____

_____

_____

_____

Coméntalo

Compartir tu razonamiento

Intercambia resúmenes con un compañero o una compañera. Compara y contrasta tus explicaciones de cómo la economía agrícola de las colonias del Sur condujo a la esclavitud con las de tu pareja. ¿Qué incluyó tu pareja que tú no?

Historia

Conexión con la

Combinar ideas

¿Qué efectos positivos y negativos tuvieron las colonias inglesas en América del Norte y las personas que vivían allí?

_____

_____

_____

_____

_____

_____

_____

_____

Notas del Proyecto de investigación

_____

_____

_____

_____

Pasar a la acción

¿Qué impacto tiene el asentamiento de personas en un nuevo lugar?

Proyecto de investigación

Explicar el impacto...

Para este proyecto escribirás una narración corta que refleje las relaciones entre un grupo específico de pobladores europeos y los indígenas norteamericanos con quienes se encontraron.

Completar tu proyecto

Usa la siguiente lista de comprobación para evaluar tu proyecto. Si olvidaste algo, ahora es tu oportunidad incluirlo.

☐ Comprueba que tu narración refleje a los pobladores e indígenas norteamericanos sobre quienes investigaste.

☐ Asegúrate de describir los sucesos desde el punto de vista de ambas partes, usando diálogos y descripciones efectivos.

☐ Identifica los efectos de esas relaciones en la forma de vida de los indígenas y los beneficios o complicaciones que encontraron los europeos.

☐ Apoya la información de tu narración con evidencias sólidas.

☐ Practica leyendo la narración en voz alta. Si en ella hay papeles para ti y los miembros del grupo, practica en grupo.

Compartir tu proyecto

Muestra tu narración a una pareja, un grupo o la clase en general. Resalta las evidencias de tu investigación para apoyar las conclusiones sobre cómo los pobladores europeos y los indígenas norteamericanos se afectaron entre sí. Escucha y responde las preguntas. Explica que investigarás cualquier pregunta que no puedas responder.

Reflexionar sobre tu proyecto

Piensa en el trabajo que realizaste en este capítulo y en tu proyecto. Guía tus ideas con las siguientes preguntas.

1. ¿Cómo elegiste los grupos de pobladores europeos e indígenas?

_____

2. ¿Cómo hiciste tu investigación? ¿Harías algo de diferente manera la próxima vez?

_____

_____

3. ¿Cómo te aseguraste de que tus fuentes fueran confiables?

_____

Conexiones del capítulo

Muestra con dibujos, palabras o ambos lo que aprendiste en este capítulo.

Lo más interesante que aprendí fue:

Algo que aprendí de un compañero o compañera fue:

Una conexión que puedo hacer con mi propia vida es:

¿Por qué es tan diverso el hemisferio occidental?

Crisol de culturas

Antes de la era de exploración, varios pueblos indígenas habitaban lo que hoy es América del Norte y del Sur. Cuando los exploradores zarparon en busca de nuevos países y bienes, el intercambio cultural se aceleró y repercutió de distintas maneras tanto en los pueblos nativos como en los nuevos. Ahora investigarás el impacto de la diversidad hoy.

Coméntalo COLABORAR

Comentar

El jazz usa elementos rítmicos y estructuras musicales tradicionales de África Occidental, combinados con armonías e instrumentos europeos. Se caracteriza por la improvisación, en la que los artistas crean música sobre la marcha. ¿Cómo influyen en ti diferentes culturas? ¿Qué te gusta que sea producto de la unión de diversas culturas?

el legendario músico de jazz Louis Armstrong

¡Investiga!

Lee sobre la cultura del hemisferio occidental en las páginas 180 a 183 del Material complementario. Mientras lees, piensa en la pregunta: **¿Por qué es tan diverso el hemisferio occidental?**

Piénsalo

Piensa en los principales rasgos de la cultura, como la lengua, la religión, el arte, la música o las tradiciones, tanto del lugar donde vives en Estados Unidos como de otros países del hemisferio occidental. ¿Cómo influyen diversos grupos de personas en las diferentes culturas?

Escríbelo

Escribir y citar evidencias

Escribe sobre un aspecto cultural favorito del lugar donde vives. Menciona qué países o pueblos influyeron en esta parte de tu cultura. Finalmente, describe la cultura de otro país de la que quieras aprender más.

Mi aspecto cultural favorito del lugar donde vivo:

_____

_____

_____

Quién influyó en esta parte de mi cultura:

_____

_____

_____

Una cultura de la que quiero aprender más:

_____

_____

_____

Coméntalo

Comparar y contrastar

Compara tus escritos sobre cultura y diversidad con un compañero o una compañera. Comenta cómo los diversos grupos de personas del pasado y del presente influyeron en la cultura del lugar donde vives.

Esto es lo que creo

PERSONAJES

Narrador	Juez de la Corte General 1	Mary Williams
Anne Hutchinson	Juez de la Corte General 2	James Madsen
Gobernador John Winthrop	Juez de la Corte General 3	Lugareños

Narrador: En 1634, cuando Anne Hutchinson y su familia llegaron a Boston, las mujeres puritanas solo podían criar niños, hacer las tareas del hogar y obedecer a sus maridos. Sin embargo, Anne Hutchinson creía que le debían permitir predicar a otros puritanos. También creía que el puritanismo era demasiado estricto.

Al ser la comadrona local, era popular entre las mujeres. Un grupo de ellas iba a escucharla predicar y Anne comentaba la Biblia con ellas. Pronto, los hombres también se unieron a estas reuniones. No obstante, en poco tiempo, los líderes hombres de la iglesia se enteraron de lo que Anne hacía. Después de que ella se negara a dejar de predicar, la enjuiciaron para decidir qué hacer con ella.

(*La escena se inicia en una sala de la corte. Se oyen ruidos del público presente. Los hombres se sientan de un lado de la sala y las mujeres, del otro. Tres jueces, la corte general, supervisan el juicio. Anne está sentada en una silla sola. El gobernador Winthrop se pone de pie para silenciar a la gente*).

Gobernador John Winthrop: ¡Orden! ¡Orden en la sala! (*La gente se calla*).

Juez 1: Estamos aquí reunidos para oír el caso de esta mujer, Anne Marbury Hutchinson.

Juez 2: Está acusada de herejía.

Juez 3: Primero, escucharemos el testimonio de Mary Williams, seguidora de Hutchinson. Por favor, venga al estrado.

(Mary Williams *se pone de pie y se acerca a los jueces*).

John Winthrop: Señora Williams, usted ha sido miembro de la congregación de la señora Hutchinson, ¿verdad?

Mary Williams: Sí, gobernador Winthrop. Después de que Anne me ayudara con mi bebé, comenzamos a hablar de todo un poco.

En poco tiempo, nos encontramos hablando sobre la iglesia y sobre cómo las mujeres no tenemos demasiada voz en ella, a pesar de tener muchas buenas ideas.

Winthrop: (*cada vez más nervioso*) Y durante este tiempo, ¿se le recordaron las enseñanzas de su religión? ¿Del pacto sagrado que firmó con la iglesia?

Williams: Bueno, sí, por supuesto, señor. Pero lo que Anne decía sobre la expresión de opiniones y creencias por parte de las mujeres tenía sentido, señor. No es justo que todas las reglas sean transmitidas por hombres, mientras que de nosotras, las mujeres, ¡solo se espere que las sigamos!

(*El público presente empieza a hacer mucho ruido; aquella fue una declaración sorprendente*).

Winthrop: ¡Silencio! (*El ruido se apaga*). Señora Williams, sus acciones han sido desconsideradas y ha dado mal ejemplo. ¡Tome asiento, por favor, señora!

(Mary Williams *toma asiento. Algunas otras mujeres se acercan para hablarle; algunas le dan una palmadita en la espalda*).

Juez 1: Ahora el tribunal escuchará a James Madsen, que también asistió a las reuniones de Hutchinson. ¡Señor Madsen!

(James Madsen *se pone de pie y se acerca a los jueces*).

Juez 2: Señor Madsen, ¿es verdad que permitió que *una mujer le predicara*? ¿Qué tiene para decir, señor?

James Madsen: Sí, señor. La señora Hutchinson y yo tuvimos una conversación larga mientras ella cuidaba a mi hijo Jamie, señor. Hablamos sobre cómo todas las leyes y reglas morales que se nos imponen no son necesarias para permanecer en la gracia de Dios. En realidad, nuestra salvación viene solo de esa gracia y no de todo este duro trabajo al que nos sometemos los puritanos.

(*La gente vuelve a hacer mucho ruido. Fue una declaración muy grave en contra de una de las creencias principales de los puritanos*).

Winthrop: ¡Señor Madsen! ¿Se da cuenta de lo que acaba de decir, señor? ¡Estas declaraciones son herejía! Una cosa es que lo crea una mujer, que generalmente se deja llevar por la emoción, pero usted... ¡usted es un hombre, señor! ¡No tiene excusas!

(*A Winthrop lo invaden la ira y la incredulidad. Toma asiento, parece estar pensando mucho*).

Juez 3: Señor Madsen, puede tomar asiento. (Madsen *se vuelve a sentar*). La última testigo será la misma señora Anne Hutchinson. Señora, este tribunal le da la oportunidad de defenderse contra estas graves acusaciones. Recomendamos que considere con cuidado lo que va a decir. (Anne Hutchinson *se levanta de su silla y se ubica junto a los jueces*).

Anne Hutchinson: Su señoría, gracias por permitirme dirigirme a ustedes hoy. Pero en mi defensa, me temo que no tengo nada. Lo que Mary y James acaban de decir es cierto.

Defiendo mis creencias y opiniones. Desde que era una niña, mi padre me enseñó a decir lo que pienso. He leído y estudiado la Biblia en detalle. No puedo encontrar razón alguna por la cual las mujeres no deberían predicar a una congregación, incluyendo a hombres. No encuentro razones para algunas de nuestras leyes y reglas más estrictas.

Juez 2: Señora Hutchinson, lo que está diciendo es herejía. Si no se retracta de sus afirmaciones, este tribunal tendrá que actuar. Me temo, señora, que no le gustarán las consecuencias.

Juez 1: ¡Exacto! ¡Recuerde su lugar!

Anne Hutchinson: (*con calma*) Entiendo. Pero ser deshonesta conmigo misma es también herejía porque mis ideas vienen de Dios. He tenido una revelación, y Dios me mostró que tengo razón de ser llamada predicadora. No me acobardaré solo para evitar un castigo.

No modificaré mis declaraciones. Deberán hacer lo que crean mejor.

(*La gente se muestra incrédula. Los murmullos vuelven a aumentar*).

Winthrop: ¡SILENCIO! (*Todos los murmullos se detienen*). ¡Esta mujer se atreve a cometer herejía! Se atreve a pensar que tiene el derecho de guiar las almas de hombres y mujeres. Afirma falsamente que su deseo de predicar viene directamente de Dios.

Anne Hutchinson, sus pecados son graves. Este tribunal la condena al destierro de la colonia de la bahía de Massachusetts. Usted, su familia y seguidores deben irse y nunca jamás regresar. ¡Se levanta la sesión!

(Anne Hutchinson *sale del tribunal con la cabeza en alto, sonriendo a las personas que están a su alrededor*. Mary Williams y James Madsen *la siguen. El resto de la gente sigue charlando, aún sin creerlo*).

Narrador: Sí, Anne Hutchinson, su familia y seguidores tuvieron que abandonar sus hogares por las creencias de Anne. De todas maneras, simplemente decidieron comenzar de cero. Formaron una nueva colonia en lo que hoy es el estado de Rhode Island. Allí, se les permitía practicar su culto con libertad.

Escríbelo

Escribe tu propia obra de teatro sobre Anne Hutchinson, Mary Williams y James Madsen, pero que tenga lugar un año después del juicio. En la obra, debes transmitir a través de diálogos y narración cómo es la vida para Anne y sus seguidores en su nueva colonia de Rhode Island. Investiga más sobre la colonia para hacer que tu obra sea más convincente e interesante.

El camino a la guerra

PREGUNTA PE ESENCIAL

¿Por qué querría independizarse una nación?

En este capítulo, leerás acerca de lo que condujo a los colonos norteamericanos a querer independizarse de Gran Bretaña. Estudiarás las diversas causas que llevaron a la guerra y entenderás las motivaciones y opiniones de importantes grupos de personas.

Coméntalo COLABORAR

Comenta con un compañero o compañera las preguntas que tengan sobre por qué las colonias norteamericanas querían independizarse de Gran Bretaña. A medida que investigan, busquen las respuestas a sus preguntas. ¡Comencemos!

Proyecto de investigación

¿Qué bando elegirás?

Escribe un ensayo desde la perspectiva de un patriota, un leal, un afroamericano o un indígena norteamericano que presente las razones que podría haber tenido para desear o no una guerra contra Gran Bretaña. Usa evidencia del capítulo y de lo que hayas investigado. Trabaja con un grupo pequeño de compañeros o compañeras que abarquen múltiples perspectivas. El grupo debatirá si las colonias deberían ir a la guerra. Luego, hagan una votación y presenten sus conclusiones a la clase.

Lista de verificación del proyecto

- ☐ **Elige** la perspectiva de un grupo que se trate en el capítulo.
- ☐ **Investiga** y reúne información de fuentes confiables.
- ☐ **Usa** lo que investigaste para escribir un ensayo desde la perspectiva de un miembro de ese grupo.
- ☐ **Debate** sobre el tema de la independencia y vota por lo que crees que deberías hacer.
- ☐ **Comenta** con la clase el resultado del debate y tu elección.

Mi plan de investigación

Escribe las preguntas de investigación que te ayuden a planificar tu proyecto. Puedes añadir preguntas a medida que llevas a cabo tu investigación.

_____

_____

_____

_____

_____

Completa el Registro de palabras de este capítulo. Toma notas a medida que aprendas más acerca de cada palabra.

boicot

☐ La conozco.
☐ La escuché.
☐ No la conozco.

Mis notas

_____

_____

_____

hábitat

☐ La conozco.
☐ La escuché.
☐ No la conozco.

Mis notas

_____

_____

_____

imponer

☐ La conozco.
☐ La escuché.
☐ No la conozco.

Mis notas

_____

_____

_____

monopolio

☐ La conozco.
☐ La escuché.
☐ No la conozco.

Mis notas

_____

_____

_____

mosquete

☐ La conozco.
☐ La escuché.
☐ No la conozco.

Mis notas

_____

_____

_____

puesto de avanzada

Mis notas

☐ La conozco.
_____

☐ La escuché.
_____

☐ No la conozco.
_____

recesión

Mis notas

☐ La conozco.
_____

☐ La escuché.
_____

☐ No la conozco.
_____

reconciliar

Mis notas

☐ La conozco.
_____

☐ La escuché.
_____

☐ No la conozco.
_____

revocar

Mis notas

☐ La conozco.
_____

☐ La escuché.
_____

☐ No la conozco.
_____

vandalismo

Mis notas

☐ La conozco.
_____

☐ La escuché.
_____

☐ No la conozco.
_____

¿Qué provocó el conflicto entre Gran Bretaña, Francia y los indígenas norteamericanos?

Resultados de la lección

¿Qué estoy aprendiendo?

En esta lección vas a usar tus destrezas de investigación para estudiar los diferentes objetivos de los británicos, los franceses y los indígenas norteamericanos en el conflicto en torno a América del Norte.

¿Por qué lo estoy aprendiendo?

Leer y hablar sobre estos objetivos te permitirá entender cómo influyeron en el desarrollo y el resultado de la Guerra Franco-India.

¿Cómo sabré que lo aprendí?

Podrás identificar las diferencias entre estos objetivos, tomar posición con respecto a cómo influyeron esas diferencias en el desarrollo y el resultado de la Guerra Franco-India y sustentar tu opinión con evidencia.

Coméntalo

Observar los detalles Este es un retrato de George Washington. ¿Qué detalles puedes ver en esta pintura y qué crees que muestran sobre Washington y su vida?

George Washington (circa 1779-1781) por Charles Willson Peale

1 Inspeccionar

Leer Fíjate en el título. ¿Qué palabra indica que el texto describirá una relación de causa y efecto?

- **Encierra en un círculo** las palabras que no conozcas.
- **Subraya** las palabras que señalen razones.
- **Comenta** en pareja por qué los iroqueses eran importantes para los británicos.

Mis notas

_____

_____

_____

_____

_____

_____

_____

_____

_____

_____

_____

_____

¿Por qué eran importantes los iroqueses para los británicos?

Los iroqueses eran una confederación poderosa de cinco (y luego seis) grupos indígenas norteamericanos cuyo territorio estaba en lo que hoy es el estado de Nueva York. Durante el siglo XVII y principios del XVIII, dominaron las regiones del Noreste y de los Grandes Lagos. Debido a su fuerza, fueron muy importantes para los británicos durante la Guerra Franco-India. Por esto, el gobierno británico encargó a un oficial colonial, sir William Johnson, mantener las buenas relaciones entre los iroqueses y los colonizadores británicos.

Los iroqueses se aliaron con los británicos debido a las políticas de Francia. Cuando los franceses llegaron a América del Norte, ayudaron a los algonquinos y los hurones en su lucha contra el pueblo iroqués. Un efecto de esta política fue el fortalecimiento del control francés sobre el comercio de pieles. Otro efecto fue que los iroqueses se aliaron con los británicos en contra de su enemigo, Francia.

FUENTE PRIMARIA

En sus palabras... Sir William Johnson

Tal fue la valentía de la Confederación de las Cinco Naciones que, si hubieran recibido un apoyo adecuado de nuestra parte, le habrían puesto punto final a la colonia de Canadá mucho tiempo antes, lo cual estuvieron cerca de lograr por sí mismos en el año 1688. Desde ese momento, han recibido a los tuscaroras del sur, más allá de los oneidas, y desde entonces han formado parte de la Confederación.

—Tomado de una carta a la Junta de Comercio británica, del 13 de noviembre de 1763

Copyright © McGraw-Hill Education
TEXT: Johnson, William. Sir W. Johnson to the Board of Trade, 13 November 1768. In The Conspiracy of Pontiac and the Indian War After the Conquest of Canada, vol. 2, by Francis Parkman, app. A. Boston: Little, Brown, and Co., 1898.

guerreros onondaga y soldados británicos en consejo alrededor de una fogata, siglo XVIII

2 Hallar evidencias

Volver a leer ¿Qué quiso decir sir William Johnson con "la valentía" de los iroqueses? ¿Por qué esa cualidad hacía que fueran importantes para los británicos?

¿Qué política quería Johnson que adoptara el gobierno británico en relación con los iroqueses? ¿Qué efecto esperaba generar mediante esa política?

3 Hacer conexiones

Conversar Comenta con un compañero o compañera por qué la política de Francia en relación con los indígenas norteamericanos los benefició al mismo tiempo que los perjudicó.

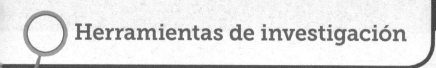

Explorar Causa y efecto

Una *causa* es la razón por la que sucede algo. El resultado
o la consecuencia es el *efecto*. Identificar relaciones de causa y efecto
te permitirá entender eventos históricos.

1. **Lee todo el texto una vez.**

   Esto te permitirá saber de qué se trata.

2. **Busca palabras y frases que indiquen relaciones de causa y efecto.**

   Algunas de estas palabras y frases son *causa*, *efecto*, *porque*, *por eso*,
   causado, *resultó*, *como resultado* y *debido a*.

3. **Identifica los eventos relacionados por medio de tales palabras.**

   Asegúrate de haber identificado correctamente el evento que es
   la causa y el que es el efecto.

4. **Ten en cuenta que una causa puede tener más de un efecto
   y que un efecto puede tener más de una causa.**

   Identifica casos en los que se señalan más de una causa
   o de un efecto.

A partir del texto que acabas de leer, trabaja con la clase
para completar la siguiente tabla. Usa el texto que leíste.

Causa	Efecto
Sir William Johnson queda en buenos términos con los iroqueses. ⟶	

¡Investiga!

Lee las páginas 192 a 201 del Material complementario. Usa tus destrezas de investigación para identificar relaciones de causa y efecto entre los eventos de la Guerra Franco-India. Organiza la información en la siguiente tabla.

Causa   Efecto

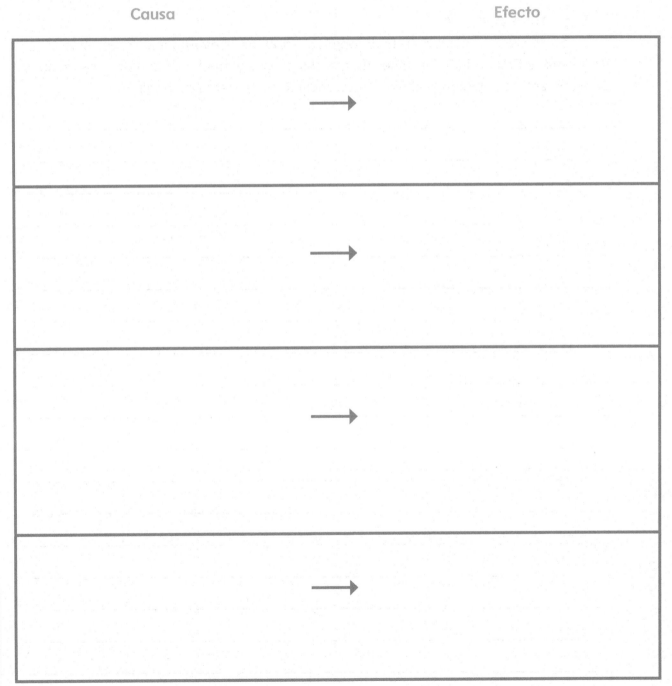

Piénsalo

Revisa tu investigación. A partir de la información que reuniste, ¿qué evento crees que fue la causa más importante del conflicto entre los británicos, los franceses y los indígenas norteamericanos?

Escríbelo

Tomar una posición

Escribir y citar evidencias En tu opinión, ¿cuál fue el evento más importante de la Guerra Franco-India? ¿Cuáles fueron sus causas y efectos? Enumera tres razones para sustentar tu opinión. Incluye la referencia a los números de página.

_____

_____

_____

_____

_____

_____

_____

_____

_____

_____

_____

_____

_____

_____

_____

_____

_____

Coméntalo

Defender tu posición

Conversa con un compañero o compañera que haya elegido un evento diferente de la guerra. Túrnense para comentar sus opiniones y razones. ¿Estás de acuerdo con la opinión de tu compañero o compañera?

Civismo

Conexión con la

Combinar ideas

Piensa en lo que has aprendido sobre las experiencias de los colonos norteamericanos antes, durante y después de la Guerra Franco-India. ¿De qué manera estas experiencias comenzaron a cambiar cómo se percibían como ciudadanos?

_____

_____

_____

_____

_____

_____

_____

_____

Notas del Proyecto de investigación

_____

_____

_____

_____

¿Cuáles eran los puntos de vista de los patriotas, los leales y los británicos?

Resultados de la lección

¿Qué estoy aprendiendo?

En esta lección, usarás tus destrezas de investigación para explorar las políticas de impuestos británicas y los puntos de vista de los patriotas, los leales y los británicos.

¿Por qué lo estoy aprendiendo?

Leer y hablar sobre esos eventos te ayudará a entender los problemas económicos y políticos que condujeron a la Guerra de Independencia.

¿Cómo sabré que lo aprendí?

Serás capaz de identificar los argumentos y el razonamiento de los patriotas, los leales y los británicos, elegirás qué bando defender y apoyarás tu argumento con evidencias del texto.

Coméntalo

COLABORAR

Observar los detalles Examina las caricaturas políticas de la página 147. ¿Cuál caricatura muestra la perspectiva de los británicos? ¿Cuál muestra la perspectiva de los colonos?

THE HORSE AMERICA, *throwing his Master.*

dos caricaturas políticas de esta época histórica: "El caballo América arroja a su amo" (arriba) y "La derogación o el funeral de la señorita Timbre americano" (abajo)

1 Inspeccionar

Leer Fíjate en el título. ¿Sobre qué sugiere el título que se tratará el pasaje?

- **Encierra en un círculo** las palabras que no conozcas.
- **Subraya** las pistas sobre qué condujo a la Ley del Timbre y qué pasó luego de que se aprobara la ley.
- **Comenta** con un compañero o compañera por qué Edmund Burke criticó la forma en la que el Parlamento gobernaba las colonias.

Mis notas

_____
_____
_____
_____
_____
_____
_____
_____
_____

Edmund Burke culpa al Parlamento

Tras la Guerra Franco-India, Gran Bretaña quedó con una gran deuda. Para ayudar a pagarla, el rey Jorge III y los líderes británicos decidieron aumentar los impuestos a las colonias. Argumentaban que los colonos debían pagar por las tropas enviadas para protegerlos durante la guerra. En 1765, el Gobierno británico aprobó la Ley del Timbre. Fue una de varias leyes que causaron indignación en las colonias.

La Ley del Timbre obligaba a los colonos a comprar timbres y ponerlos en todos los documentos impresos, desde periódicos hasta naipes. Los colonos protestaron de inmediato. Dijeron que la ley era ilegal y argumentaron que solo los oficiales coloniales electos tenían el derecho de cobrar impuestos sobre los bienes.

Los colonos no fueron los únicos que criticaron la Ley del Timbre. Un miembro respetado del Parlamento, Edmund Burke, habló sobre el problema varias veces ante el Parlamento. Sostenía que había sido una mala decisión aprobar la ley. Criticó las leyes coloniales estrictas del gobierno británico y su rechazo a trabajar en cooperación con las colonias. Gran Bretaña no podía simplemente ignorar las quejas de los colonos, afirmaba Burke. Si bien creía que el Parlamento tenía el derecho a cobrar impuestos a los colonos, Burke sentía que esa autoridad debía ser usada solo como último recurso.

En sus palabras... Edmund Burke

Nunca se tomó una medida tan crítica con tan poca previsión de sus inevitables consecuencias. Como si toda la prudencia común hubiese abandonado a los ministros, y como si hubiesen querido lanzarse de cabeza junto con nosotros a ese precipicio enorme, al notificar con un año de antelación el proyecto de su Ley del Timbre, dieron tiempo para que todo el malestar de ese país se enconara y llegara a un punto límite, y para que hombres disidentes hiciesen todos los preparativos para oponerse a la ley.

—Traducido de "Observations on a Late State of the Nation", 1769

Edmund Burke habla ante el Parlamento británico.

2 Hallar evidencias

Volver a leer Observa las palabras "nunca", "tan poca" y "abandonado". ¿Qué demuestran sobre la actitud de Edmund Burke hacia el Parlamento?

Vuelve a leer esta parte de la segunda oración: "como si hubiesen querido lanzarse de cabeza junto con nosotros a ese precipicio enorme". ¿Qué imagen crea Burke al referirse a un precipicio enorme y al usar el verbo *enconar*?

3 Hacer conexiones

Escribir

COLABORAR

Resume las razones principales de Edmund Burke para culpar al Parlamento por el malestar en las colonias.

Explorar Punto de vista

El punto de vista de una persona es su opinión sobre un tema. Identificar el punto de vista te puede servir para entender las elecciones y acciones de una persona.

1. Identificar palabras de opinión.

¿Qué palabras sugieren que se está comunicando la opinión de alguien? ¿Qué palabras expresan emociones positivas o negativas?

2. Buscar razones y evidencias.

¿Qué razonamientos y detalles de apoyo que sustenten el punto de vista de alguien puedes encontrar?

3. Identificar acciones y elecciones.

¿Qué decisiones o acciones importantes toma la persona?

4. Evaluar acciones para el punto de vista.

Pregúntate: ¿tuvo el punto de vista de esta persona un impacto en sus acciones?

A partir del texto que acabas de leer, trabaja con la clase para completar los detalles con los que se sustenta el punto de vista de Edmund Burke en el óvalo central.

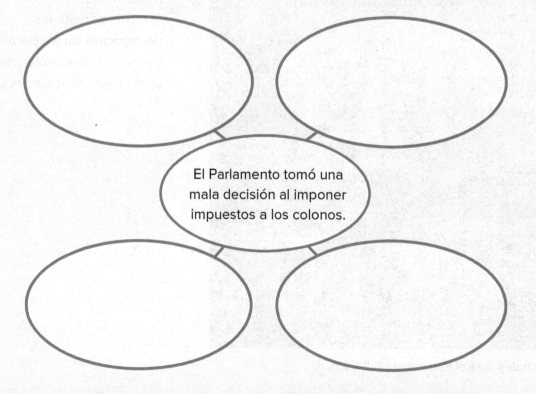

El Parlamento tomó una mala decisión al imponer impuestos a los colonos.

¡Investiga!

Lee las páginas 202 a 209 del Material complementario. Usa tus destrezas de investigación para identificar el punto de vista de los patriotas, los leales o los británicos. Usa el organizador para seguir los detalles clave que apoyan este punto de vista.

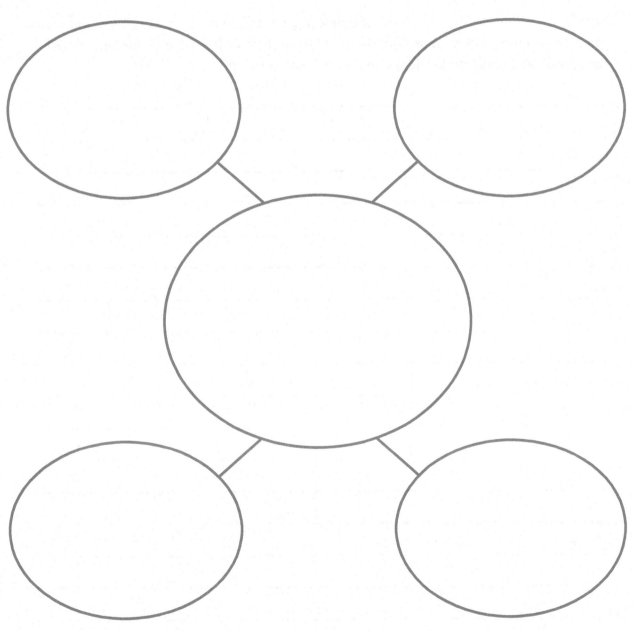

Piénsalo

Revisa tu investigación. A partir de la información que reuniste, ¿por qué algunos colonos querían seguir unidos a Gran Bretaña? ¿Por qué otros querían independizarse?

Escríbelo

Tomar una posición

Escribir y citar evidencias En tu opinión, ¿cuál punto de vista sobre los impuestos y la independencia tiene más sentido: el de los patriotas, los leales o los británicos? Toma una posición y defiéndela con información del texto.

_____

_____

_____

_____

_____

_____

_____

_____

_____

_____

_____

_____

_____

_____

_____

_____

_____

Coméntalo

Defender tu posición

Trabaja con un compañero o compañera que haya escogido un bando diferente. Comenten sus razonamientos. ¿Mencionó algún buen punto que te haya hecho cambiar de parecer?

Historia
Conexión con la

Combinar ideas

¿Por qué era tan peligroso para los patriotas actuar según sus deseos de tener un autogobierno? ¿Por qué Gran Bretaña tuvo la necesidad de retener las colonias?

_____

_____

_____

_____

_____

_____

_____

_____

_____

Notas del Proyecto de investigación

_____

_____

_____

_____

Lección 3

¿Qué aumentó la tensión entre Gran Bretaña y los colonos?

Resultados de la lección

¿Qué estoy aprendiendo?

En esta lección, usarás tus destrezas de investigación para examinar los eventos que condujeron a la Guerra de Independencia.

¿Por qué lo estoy aprendiendo?

Leer y hablar sobre estos eventos te ayudará a entender las razones por las cuales muchos colonos quisieron liberarse de Gran Bretaña.

¿Cómo sabré que lo aprendí?

Serás capaz de identificar la secuencia de eventos que ocasionó la Guerra de Independencia, elegir el evento más importante que creas que condujo a la guerra y apoyar tu análisis con evidencia.

Coméntalo

COLABORAR

Observar los detalles ¿Cuáles son las diferencias entre la representación de los soldados británicos y la representación de los colonos? ¿Cómo muestran esas diferencias el punto de vista que tiene Revere del evento?

La matanza sangrienta en King Street, de Paul Revere, muestra la Matanza de Boston desde el punto de vista de los colonos.

1 Inspeccionar

Leer Fíjate en el título de la línea cronológica. ¿Qué crees que ocurre a continuación en la historia de América del Norte?

- **Encierra en un círculo** las acciones del Parlamento.
- **Subraya** las acciones de los colonos.
- **Comenta** con un compañero o compañera la relación de causa y efecto entre las acciones del Parlamento y las de los colonos.

Mis notas

_____

_____

_____

_____

_____

_____

_____

_____

_____

_____

_____

Los eventos que desencadenaron la Matanza de Boston

5 de abril de 1764: La Ley del Azúcar

Para pagar la deuda de guerra de Gran Bretaña, el Parlamento aprueba la Ley del Azúcar. La ley establece un impuesto colonial sobre el azúcar importado y las melazas. Anteriormente no se cobraban impuestos al azúcar. A partir de 1764, los colonos que no pagan el impuesto sobre los productos derivados del azúcar son multados y arrestados. Los colonos protestan.

22 de marzo de 1765: La Ley del Timbre

El Parlamento aprueba la Ley del Timbre, que obliga a los colonos a comprar un timbre para todos los documentos de papel, como periódicos y cartas. El dinero recaudado de la venta de timbres va directamente a Gran Bretaña, no al gobierno colonial. Aumentan las protestas de los colonos.

15 de mayo de 1765: La Ley de Acuartelamiento

También se aprueba la Ley de Acuartelamiento. Esta ley obliga a los gobiernos coloniales a pagar las viviendas de las tropas británicas y autoriza al gobierno británico a forzar a los colonos a permitir que, de ser necesario, los soldados vivan en sus propiedades. En Gran Bretaña no existía ninguna ley similar. Los colonos argumentan que la ley es injusta.

7 de octubre de 1765: Congreso de la Ley del Timbre

Los representantes de nueve colonias forman el Congreso de la Ley del Timbre. Determinan que, dado que los colonos no pueden votar en elecciones parlamentarias, el Parlamento no tiene derecho a cobrarles impuestos. Incitan un boicot a los productos británicos.

18 de marzo de 1766: La Ley Declaratoria

El Parlamento declara que tiene derecho a cobrar impuestos a los colonos, pero también deroga la Ley del Timbre.

29 de junio de 1767: Las Leyes de Townshend

El Parlamento aprueba las Leyes de Townshend y suma un impuesto a los bienes importados desde Gran Bretaña. Esos bienes incluyen té, vidrio, papel, plomo y pintura. Los colonos organizan otro boicot.

1 de agosto de 1768: El acuerdo contra la importación

Los comerciantes de Boston declaran un boicot oficial a los bienes británicos. Se niegan formalmente a comprar o vender té, papel, vidrio o pintura importados hasta que se deroguen las Leyes de Townshend.

1 de octubre de 1768: La llegada de más tropas británicas

El Parlamento envía más soldados británicos a Boston para lidiar con el creciente descontento político en la ciudad.

5 de marzo de 1770: La Matanza de Boston

Un grupo de colonos comienza a insultar a un escuadrón de soldados británicos y les tira bolas de nieve. Los soldados disparan a la muchedumbre. Mueren cinco colonos.

2 Hallar evidencias

Volver a leer Observa el año del primer evento en la línea cronológica. Luego, observa el año del último evento de la línea cronológica. ¿Cuántos años abarcan los eventos?

Luego, vuelve a leer los eventos en la línea cronológica. ¿Por qué es importante que hayan sucedido tantas cosas en un periodo tan corto de tiempo? ¿Qué dice sobre la relación entre los colonos y Gran Bretaña en ese momento de la historia?

3 Hacer conexiones

Conversar

COLABORAR

Comenta en pareja los patrones de comportamiento en la línea cronológica. ¿Qué solían hacer los colonos en respuesta al Parlamento? ¿Cuándo cambiaron su comportamiento? ¿Por qué?

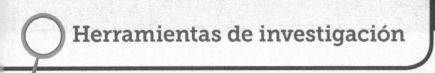

Explorar Cronología

Pensar en la cronología, o el orden en el que ocurren las cosas, te ayudará a relacionar mejor los eventos.

1. Lee todo el texto una vez.

Esto te permitirá entender cómo está organizado el texto.

2. Observa los títulos de las secciones.

Eso te dará pistas sobre cuáles son los eventos importantes.

3. Presta atención a fechas específicas y palabras clave.

Las palabras y frases como *primero, luego, en algunos meses* y *años más tarde* indican el orden en el que suceden los acontecimientos.

4. Halla datos clave sobre cada evento.

A medida que leas de cada evento, piensa qué sugieren los datos y detalles clave de las tensiones crecientes entre los colonos y Gran Bretaña.

A partir del texto que acabas de leer, trabaja con la clase para completar la siguiente tabla.

Evento	Fecha	Datos clave
La Ley del Azúcar		

¡Investiga!

Lee las páginas 210 a 215 del Material complementario. Usa tus destrezas de investigación para identificar la secuencia de eventos que condujeron a la Guerra de Independencia. Considera cómo cada evento es una reacción a otro evento.

Evento	Fecha	Datos clave

Evento	Fecha	Datos clave

Evento	Fecha	Datos clave

Piénsalo

Revisa tu investigación. A partir de la información que reuniste, ¿cuál fue el evento más importante que desencadenó la Guerra de Independencia?

Escríbelo

Tomar una posición

Escribir y citar evidencias Escribe un ensayo de opinión del evento más importante que desencadenó la guerra con Gran Bretaña. ¿Qué eventos desencadenaron ese momento? ¿Cuál fue el resultado? Usa datos y detalles del texto para apoyar tu opinión.

_____

_____

_____

_____

_____

_____

_____

_____

_____

_____

_____

_____

_____

_____

_____

_____

Coméntalo

Defender tu posición

Elige a un compañero o compañera que haya escrito sobre otro evento. Comenta las diferentes consecuencias que tuvieron ambos eventos. ¿Estás de acuerdo o en desacuerdo con tu compañero o compañera? ¿Por qué?

 Historia

Conexión con la

Combinar ideas

¿Cómo desencadenó la tensión creciente entre los colonos y Gran Bretaña finalmente en la guerra?

_____

_____

_____

_____

_____

_____

_____

_____

PE Notas del Proyecto de investigación

_____

_____

_____

_____

PREGUNTA PE ESENCIAL

¿Por qué querría independizarse una nación?

Proyecto de investigación

¿Qué bando elegirás?

Recuerda que para este proyecto escribirás un ensayo desde la perspectiva de un miembro de las colonias señalando las razones por las que los colonos deberían o no ir a la guerra. Luego, debatirás este tema en grupos.

Completar tu proyecto

Usa la siguiente lista de verificación para evaluar tu proyecto. Si olvidaste algo, este es el momento de corregirlo.

☐ Presenta tres razones por las que la persona que elegiste querría o no ir a la guerra con Gran Bretaña.

☐ Forma un grupo pequeño con otros compañeros que hayan elegido personas de otra cultura o con otra perspectiva.

☐ Túrnense para presentar la perspectiva de cada uno acerca de si los colonos deberían o no ir a la guerra.

☐ En grupo, piensen por qué la opinión de un patriota podría ser diferente de aquella de otros grupos de personas de ese entonces.

☐ Hagan una votación sobre el asunto después del debate.

Compartir tu proyecto

Es hora de presentar las conclusiones de tu grupo a la clase. Comenten las similitudes y diferencias en sus debates. Presenten las razones que llevaron a que su grupo votara a favor o en contra de la guerra. Tengan en cuenta lo que han aprendido con el debate. Respondan las preguntas de la clase.

Reflexionar sobre tu proyecto

Piensa en el trabajo que realizaste en este capítulo y en tu proyecto. Guía tus ideas con las siguientes preguntas.

1. ¿Por qué elegiste a la persona sobre la que investigaste? _____

_____

2. ¿Cómo llevaste a cabo tu investigación? ¿Hay algo que harías de otra

manera en la próxima oportunidad? _____

_____

3. ¿Cómo te aseguraste de que tus fuentes fueran confiables? _____

_____

Conexiones del capítulo

Muestra con dibujos, palabras o ambos lo que aprendiste en este capítulo.

Lo más interesante que aprendí fue:

Algo que aprendí de un compañero o compañera fue:

Una conexión que puedo hacer con mi propia vida es:

¿Por qué **pagan impuestos** las personas?

Disputas por el timbre

Los colonos norteamericanos pagaban impuestos por artículos impresos, azúcar, té y otros productos británicos. Como has leído, las disputas en torno a los impuestos y la representación prepararon el camino hacia la guerra entre los colonos y el gobierno británico. Ahora, investigarás el impacto de los impuestos, los gastos y las decisiones económicas del gobierno en la actualidad.

Coméntalo COLABORAR

Observar los detalles

En 1765, el Parlamento británico aprobó la Ley del Timbre. La ley exigía que los colonos pagaran impuestos por cada artículo impreso que usaran, tales como periódicos, licencias e incluso naipes. El gobierno británico quería recaudar dinero para pagar por la defensa de las colonias. Este aviso fue creado por los colonos en respuesta a la Ley del Timbre. ¿Qué sentían los colonos acerca de los impuestos? En tu opinión, ¿qué sienten las personas al respecto de pagar impuestos en la actualidad?

¡Investiga!

Lee sobre los impuestos y los gastos, los debates sobre el presupuesto y las maneras que tiene el gobierno de hacer crecer la economía en las páginas 218 a 221 del Material complementario. A medida que leas, piensa en la pregunta: **¿Por qué pagan impuestos las personas?**

Piénsalo

Revisa tu investigación. A partir de la información que reuniste, en tu opinión, ¿cuál es el uso más eficiente de los impuestos?

Escríbelo

Tomar una posición

Escribe sobre un uso eficiente de los impuestos. Haz una lista de tres razones que apoyen tu opinión. Presenta evidencia para sustentar tus razones.

Uso de impuestos _____

_____

_____

Razones

1. _____

_____

_____

2. _____

_____

_____

3. _____

_____

_____

Coméntalo COLABORAR

Defender tu posición

Conversa con un compañero o compañera que haya elegido otro uso de los impuestos. Túrnense para comentar las opiniones y la evidencia de apoyo. ¿Estás de acuerdo con tu compañero o compañera? ¿Por qué?

La Guerra de Independencia

PREGUNTA PE ESENCIAL

¿Qué nos dice la era revolucionaria sobre nuestra nación hoy?

En este capítulo, leerás acerca de las personas y los eventos importantes de la Guerra de Independencia. Pensarás por qué estas personas y estos eventos son importantes, sobre el impacto que tuvieron en la guerra y sobre cómo la guerra todavía afecta a nuestra nación hoy. Tus exploraciones te servirán para responder la Pregunta esencial y el Proyecto de investigación será una oportunidad para combinar tus ideas.

Coméntalo
COLABORAR

Comenta en pareja las preguntas que tengas sobre la era revolucionaria. A medida que investigas sobre las personas, los eventos y las ideas de la era revolucionaria, busca respuestas a tus preguntas. ¡Comencemos!

Proyecto de investigación

¿Cómo habrían sido impactadas nuestras vidas si...?

Tus compañeros, tus compañeras de clase y tú investigarán sobre personas, eventos e ideas que tuvieron un impacto durante la Guerra de Independencia. Cada uno de ustedes elegirá uno de estos para hacer una tarjeta de línea cronológica. Evaluarán la información en la línea cronológica de la clase y elegirán las que piensen que son las cinco personas, eventos o ideas más importantes. Luego, tomarán un componente de la línea cronológica y considerarán qué tan diferente sería nuestro país si eso nunca hubiese ocurrido.

Lista de verificación del proyecto

- [ ] **Enumera** eventos, personas e ideas importantes del capítulo.
- [ ] **Trabaja** en grupo para asignar una tarjeta de línea cronológica a cada miembro de la clase o a grupos pequeños.
- [ ] **Arma** la línea cronológica de la clase.
- [ ] **Elige** los cinco eventos que pienses que son más importantes de la línea cronológica
- [ ] **Justifica** tus elecciones.

Mi plan de investigación

Escribe las preguntas de investigación que te ayuden a planificar tu proyecto. Puedes añadir preguntas a medida que llevas a cabo tu investigación.

_____

_____

_____

_____

Explorar palabras

Completa el Registro de palabras de este capítulo. Toma notas a medida que aprendas más acerca de cada palabra.

bloquear

Mis notas

☐ La conozco.

☐ La escuché.

☐ No la conozco.

especulador

Mis notas

☐ La conozco.

☐ La escuché.

☐ No la conozco.

inflación

Mis notas

☐ La conozco.

☐ La escuché.

☐ No la conozco.

mercenario

Mis notas

☐ La conozco.

☐ La escuché.

☐ No la conozco.

milicia

Mis notas

☐ La conozco.

☐ La escuché.

☐ No la conozco.

monarca

Mis notas

☐ La conozco.

☐ La escuché.

☐ No la conozco.

negociar

Mis notas

☐ La conozco.

☐ La escuché.

☐ No la conozco.

rebelde

Mis notas

☐ La conozco.

☐ La escuché.

☐ No la conozco.

reconciliación

Mis notas

☐ La conozco.

☐ La escuché.

☐ No la conozco.

traidor

Mis notas

☐ La conozco.

☐ La escuché.

☐ No la conozco.

¿Cómo comenzó la Guerra de Independencia?

Resultados de la lección

¿Qué estoy aprendiendo?

En esta lección, vas a usar tus destrezas de investigación para explorar los eventos que ocurrieron al comienzo de la Guerra de Independencia.

¿Por qué lo estoy aprendiendo?

Leer y hablar sobre estos eventos te servirá para comprender su impacto en la Guerra de Independencia y en nuestro país en la actualidad.

¿Cómo sabré que lo aprendí?

Podrás identificar la cronología de eventos al comienzo de la Guerra de Independencia, dar una opinión sobre cuál evento fue más importante y justificarla con evidencias.

Coméntalo
COLABORAR

Observar los detalles En tu opinión, ¿qué está ocurriendo? ¿Cómo sabes que esto sucedió hace mucho? ¿Qué puedes inferir de estos hombres a partir de su vestimenta y apariencia?

La batalla de Bunker Hill,
dibujado por Henry A. Thomas

Patrick Henry alza la voz

1 Inspeccionar

Leer Fíjate en el título. ¿Qué sugiere "Patrick Henry alza la voz" del tono del texto?

- **Encierra en un círculo** las palabras que no conozcas.
- **Subraya** pistas que te ayuden a responder las preguntas "quién", "qué", "dónde", "cuándo" y "por qué".
- **Comenta** en pareja lo que Patrick Henry piensa que la gente de Virginia debería hacer y por qué.

Mis notas

_____

_____

_____

_____

_____

_____

_____

_____

_____

En marzo de 1775, la Cámara de los Burgueses se reunió en Richmond, Virginia, para hallar una solución a los fuertes impuestos del gobierno británico. La Cámara de los Burgueses era una asamblea de miembros electos que representaban a las colonias y las plantaciones de Virginia.

Varios miembros solicitaron más tiempo para persuadir al gobierno británico de que derogara o suspendiera los impuestos. Finalmente, un miembro llamado Patrick Henry se levantó para hablar. Mencionó la ciudad de Boston, donde se habían presentado conflictos entre los colonos y los británicos, y preguntó qué podía hacer Virginia. Continuó y dijo: "Hicimos todo lo que se podía hacer para evitar la tormenta que se avecina".

Henry dijo que la única opción que quedaba era alzarse en armas y luchar. La Cámara de los Burgueses votó entonces para que se organizara una **milicia** para Virginia.

FUENTE PRIMARIA

En sus palabras... Patrick Henry

¡Nuestros hermanos ya están en el campo de batalla! ¿Por qué quedarnos aquí inactivos? ¿Qué es lo que desean los caballeros? ¿Qué desearían tener? ¿Es acaso la vida tan querida, o la paz tan dulce, como para ser comprada al precio de las cadenas y la esclavitud? ¡Que Dios Todopoderoso no lo permita! No sé qué harán las otras personas, pero a mí, ¡dadme libertad o dadme la muerte!

—Traducido de "Discurso a la Cámara de los Burgueses de Virginia", 23 de marzo de 1775, Richmond, Virginia

Patrick Henry, dirigiéndose a la asamblea de Virginia

2 Hallar evidencias

Volver a leer En tu opinión, ¿cuál es el propósito del discurso de Patrick Henry? ¿Cuáles de las palabras que usa le servirán para cumplir su propósito?

Examina la afirmación "¡Nuestros hermanos ya están en el campo de batalla! ¿Por qué quedarnos aquí inactivos?". ¿Qué significa la palabra *inactivo*? Menciona una palabra que signifique lo mismo que *inactivo*.

3 Hacer conexiones

Conversar Comenta en pareja las razones que da Patrick Henry para luchar contra los británicos.

Conexión con el presente
¿Qué efecto tuvo el discurso de Patrick Henry en nuestro país en la actualidad?

Explorar Cronología

Identificar la **cronología**, o el orden en que ocurren las cosas, en lo que lees te servirá para comprender cómo se relacionan los eventos en la historia.

1. **Lee todo el texto una vez.**

    Esto te permitirá saber de qué se trata.

2. **Observa los títulos de las secciones para saber cómo está organizado el texto.**

    ¿Muestran los títulos alguna pista sobre qué eventos importantes se mencionan en el texto?

3. **Presta atención a fechas específicas.**

    ¿Están los eventos descritos en el texto en orden cronológico? Puede ser útil buscar oraciones que comiencen con una fecha (por ejemplo, "El 18 de junio de 1775...").

4. **Encuentra hechos clave sobre los eventos.**

    A medida que lees, pregúntate qué hechos clave sobre cada evento muestran que fueron importantes para el comienzo de la Guerra de Independencia.

A partir del texto que acabas de leer, trabaja con la clase para completar la siguiente tabla.

Evento	Fecha	Hechos clave
discurso de Patrick Henry ante la Cámara de los Burgueses		

¡Investiga!

Lee las páginas 228 a 237 del Material complementario.
Usa tus destrezas de investigación para identificar la cronología
de eventos del comienzo de la Guerra de Independencia. Usa la
tabla para organizar la información.

Evento	Fecha	Hechos clave

Piénsalo

Tomar una posición

Revisa tu investigación. A partir de la información que reuniste, ¿cuál piensas que fue el evento más importante del comienzo de la Guerra de Independencia?

Escríbelo

Escribir y citar evidencias

En tu opinión, ¿cuál fue el evento más importante del comienzo de la Guerra de Independencia? Haz una lista de tres razones que justifiquen tu opinión. Incluye la página de las referencias.

Evento _____

_____

_____

Razones

1. _____

_____

_____

2. _____

_____

_____

3. _____

_____

_____

Coméntalo

Defender tu posición

Conversa con un compañero o compañera que eligió un evento diferente. Túrnense para comentar sus opiniones y la evidencia que las justifica. ¿Estás de acuerdo o en desacuerdo con la opinión de tu compañero o compañera? ¿Por qué?

Historia

Conexión con la

Combinar ideas

Piensa en las personas y los eventos sobre los que leíste y hablaste en esta lección. ¿Cómo ayudaron a formar nuestra nación del presente?

_____

_____

_____

_____

_____

Notas del Proyecto de investigación

_____

_____

_____

_____

_____

_____

Resultados de la lección

¿Qué estoy aprendiendo?

En esta lección, vas a usar tus destrezas de investigación para aprender sobre la Declaración de Independencia y explorar por qué todavía es importante en el presente.

¿Por qué lo estoy aprendiendo?

Leer y hablar sobre la Declaración de Independencia te servirá para aprender más lo que significa y cómo afecta tu vida en el presente.

¿Cómo sabré que lo aprendí?

Podrás explicar las razones de partes importantes de la Declaración de Independencia y reconocer las formas en las que todavía afectan a nuestro país en el presente.

Coméntalo

COLABORAR

Observar los detalles En tu opinión, ¿cómo se sintieron los miembros del Segundo Congreso Continental luego de declarar su independencia de Gran Bretaña? ¿Cómo sustentas tu respuesta a partir de los detalles de esta imagen?

THE REBELS OF '76.
THE GREAT

OR, THE FIRST ANNOUNCEMENT OF
DECLARATION.

EXPLANATION.—It is sunset on the 4th of July, 1776. The members of the old Continental Congress, having signed the Declaration, are seen in the act of leaving the Hall of Independence. HANCOCK, distinguished by his dark dress, stands on the steps in front of the hall-door, announcing to a friend that the Declaration has just been signed. FRANKLIN is seen at his right, JEFFERSON leans against the right pillar of the door. ADAMS is conversing with Jefferson—between their heads is seen the face of LIVINGSTON, and against the left pillar stands ROGER SHERMAN. These form the group on the steps. We then com-mence on the left of the picture, and counting every figure, discover the following persons: 1, a citizen; 2, WILSON, a signer; 3, a citizen; 4, a tory; 5, a signer; 6, a lady; 7, her father; 8, the Indian who bore the Declaration to the camp of Washington; 9, Thomas Paine, talking with No. 10, BENJAMIN RUSH, and 11, ROBERT MORRIS, both signers. Behind them the heads of citizens are seen, and to the right, a crowd of patriots, Quakers, tories, &c. eagerly disputing the nature and merits of the Declaration.

Entered according to act of Congress, in the year 1860, by S. Ashton in the Clerk's Office of the District Court of the U. S. for the Eastern District of Pennsylvania.

Los rebeldes del 76 o el primer anuncio de la Gran Declaración

Copyright © McGraw-Hill Education
TEXT: The Declaration of Independence. Preamble. July 4, 1776. The U.S. National Archives and Records Administration.

La audaz declaración de Jefferson

En el último párrafo de la Declaración de Independencia, Thomas Jefferson hizo las declaraciones más importantes de todo el documento. Estas declaraciones representaban la creación de una nueva nación, Estados Unidos de América. Los colonos estaban ahora en un camino peligroso del que sería difícil regresar.

FUENTE PRIMARIA

En sus palabras... Thomas Jefferson

Por lo tanto, nosotros los Representantes de Estados Unidos de América, reunidos en Congreso General, apelando al Juez Supremo del mundo por la rectitud de nuestras intenciones, en nombre y por la autoridad del buen pueblo de estas Colonias, publicamos y declaramos solemnemente: Que estas Colonias Unidas son y tienen el derecho de ser Estados libres e independientes; que están exentas de toda lealtad a la Corona Británica, y que todo lazo político entre ellas y el Estado de Gran Bretaña está y debería ser disuelto; y que, como Estados Libres o Independientes, tienen todo el poder de declarar la guerra, alcanzar la paz, contraer alianzas, establecer el comercio y llevar a cabo todos los otros actos y cosas que los Estados independientes pueden hacer en su propio derecho.

—Tomado de la Declaración de Independencia

1 Inspeccionar

Leer Fíjate en el texto. ¿Cuál es el punto del autor?

- **Encierra en un círculo** las palabras que no conozcas.
- **Subraya** pistas que te permitan comprender las palabras o los conceptos desconocidos.
- **Comenta** en pareja cuál es el punto que el autor quiere que el lector comprenda y con el que coincida en el último párrafo.

Mis notas

_____

_____

_____

_____

_____

_____

_____

_____

_____

_____

_____

La pintura de John Trumbull, que cuelga en la rotonda del Capitolio de Estados Unidos, muestra a los redactores de la Declaración de Independencia presentando su bosquejo al Segundo Congreso Continental.

2 Hallar evidencias

Vuelve a leer la afirmación "exentas de toda lealtad a la Corona Británica".

Da un ejemplo de una palabra que signifique lo mismo que *exento*. Luego, menciona una palabra que signifique lo mismo que *lealtad*. Después, explica lo que significa la frase.

3 Hacer conexiones

Conversar ¿Tenían los 56 hombres que firmaron la Declaración de Independencia la autoridad para separar las colonias de Gran Bretaña? ¿Por qué sí o por qué no?

Explorar Causa y efecto

Una **causa** es un evento que hace que algo más suceda. Un **efecto** es un evento que ocurre como resultado de una causa. Buscar relaciones de causa y efecto puede servirte para comprender mejor lo que lees.

Para encontrar la idea principal y los detalles clave:

1. Lee todo el texto una vez.

Esto te permitirá saber de qué se trata.

2. Presta atención a cambios específicos.

Pregúntate: *¿Qué sucedió?* La respuesta a esta pregunta te ayuda a identificar un efecto.

3. Busca explicaciones.

Cuando hayas identificado un efecto, pregúntate: *¿Por qué sucedió?*. Saber por qué sucedió algo te servirá para explicar su causa.

4. Busca palabras clave.

Palabras como *porque*, *por lo tanto*, *entonces* y *en consecuencia* son claves que indican una relación de causa y efecto. Reconocer esas palabras te servirá para responder la pregunta: *¿Por qué sucedió?*

COLABORAR

A partir del texto que acabas de leer, trabaja con la clase para completar la siguiente tabla.

Causa	Efecto
Las colonias declaran que todos los lazos políticos entre Estados Unidos y Gran Bretaña son nulos. →	

¡Investiga!

Lee las páginas 238 a 247 del Material complementario. Usa tus destrezas de investigación para buscar evidencia en el texto que te permita identificar qué tan significativas son todavía algunas partes importantes de la Declaración de Independencia.

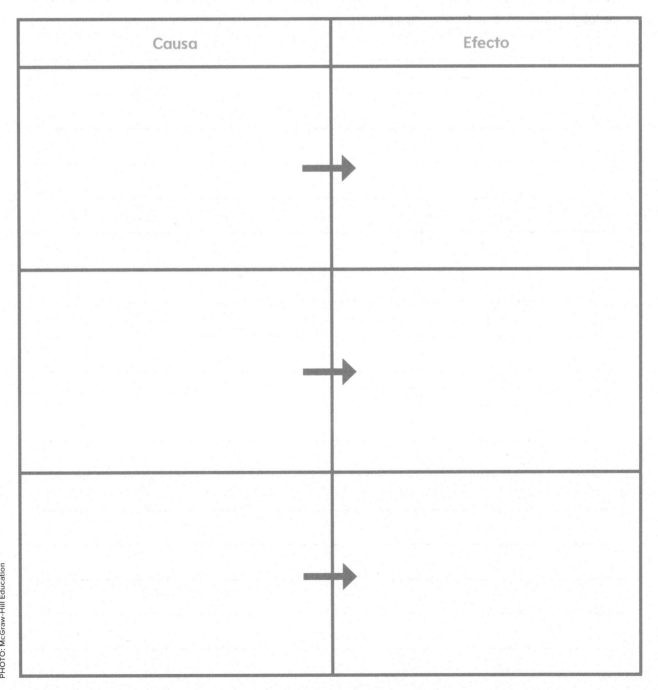

Causa	Efecto

Piénsalo

Revisa tu investigación. A partir de la información que reuniste, ¿cuáles son las ideas importantes de la Declaración de Independencia?

Escríbelo

Escribir y citar evidencias

¿Cuál fue el efecto más importante de la Declaración de Independencia? Haz una lista de las razones que sustenten tu opinión.

_____

_____

_____

_____

_____

_____

_____

_____

_____

_____

_____

_____

_____

_____

Coméntalo

Sustenta tu hipótesis

Conversa con un compañero o compañera que haya elegido un efecto diferente. Túrnense para comentar sus hipótesis y la evidencia que las sustenta. ¿Estás de acuerdo o en desacuerdo con la hipótesis de tu compañero o compañera? ¿Por qué?

Educación cívica

Conexión con la

Hacer conexiones

¿Qué ideas clave de la Declaración de Independencia siguen siendo importantes en el presente?

_____

_____

_____

_____

_____

_____

_____

Notas del Proyecto de investigación

_____

_____

_____

_____

_____

_____

_____

Lección 3

¿Cuáles fueron los momentos decisivos de la guerra?

Resultados de la lección

¿Qué estoy aprendiendo?

En esta lección, vas a usar tus destrezas de investigación para aprender sobre los momentos decisivos de la Guerra de Independencia.

¿Por qué lo estoy aprendiendo?

Leer y hablar sobre los momentos decisivos de la guerra te servirá para aprender más de cómo los colonos, finalmente, ganaron la guerra.

¿Cómo sabré que lo aprendí?

Podrás hacer y sustentar inferencias sobre los momentos decisivos de la guerra.

Coméntalo

COLABORAR

Observar los detalles ¿Cómo se muestra a Washington en esta imagen? ¿Qué hacen sus hombres? Por la forma en que esta imagen fue pintada, en tu opinión, ¿este fue un momento importante de la guerra?

Washington cruzando el Delaware,
por Emanuel Leutze

Momentos difíciles

1 Inspeccionar

Leer Fíjate en el texto. ¿Cuál es el punto del autor?

- **Encierra en un círculo** las palabras que no conozcas.
- **Subraya** pistas que te permitan comprender las palabras o los conceptos desconocidos.
- **Comenta** en pareja qué significa la primera oración: "Estos son los momentos que ponen a prueba las almas de los hombres". ¿Cómo describe la Guerra de Independencia?

Mis notas

_____

_____

_____

_____

_____

_____

_____

_____

_____

Desde 1776 hasta 1783, Thomas Paine publicó una serie de dieciséis documentos llamada *La crisis americana*. En dichos ensayos describía el conflicto con Gran Bretaña como una lucha entre el bien y el mal.

Paine escribió el primer ensayo en diciembre de 1776. Durante el crudo invierno de 1777 a 1778 en Valley Forge, George Washington ordenó que se leyera ese documento a las tropas. Él esperaba que los inspirara a continuar la lucha a pesar del frío, las enfermedades y el hambre que tuvieron que soportar.

FUENTE PRIMARIA

En sus palabras... Thomas Paine

Estos son los momentos que ponen a prueba el alma de los hombres. El soldado del verano y el patriota del sol, en estos tiempos de crisis, se retraerán del servicio a su país, pero aquel que resista merece el amor y el agradecimiento de hombres y mujeres. La tiranía, como el infierno, no se vence fácilmente. De todas formas, tenemos un consuelo: cuanto más difícil sea el conflicto, más glorioso será el triunfo. Lo que obtenemos con poco esfuerzo lo estimamos ligeramente. Solo lo entrañable le da a cada cosa su valor.

—Tomado de *La crisis americana*, número 1

Copyright © McGraw-Hill Education
TEXT: Paine, Thomas. The American Crisis. London: Carlile, 1819.

Los soldados norteamericanos resistieron crueles inviernos durante la guerra.

2 Hallar evidencias

Vuelve a leer la afirmación "El soldado del verano y el patriota del sol, en estos tiempos de crisis, se retraerán del servicio a su país". ¿Qué tipo de persona describe Paine? ¿Qué otros tipos de persona menciona?

En tus palabras, explica la frase: "Lo que obtenemos con poco esfuerzo lo estimamos ligeramente" . ¿Qué dice Paine sobre la Guerra de Independencia con dicha frase?

3 Hacer conexiones

Conversar ¿De qué quería convencer Paine al lector de *La crisis americana*?

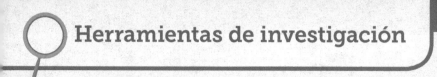

Explorar Hacer inferencias

Cuando lees, haces inferencias sobre el texto cuando el autor o la autora no mencionan directamente su propósito o punto. Para hacer una inferencia válida, combinas **evidencia** del texto con lo que sabes de tu propia experiencia.

Para hacer una inferencia:

1. Lee todo el texto una vez.

Esto te permitirá saber de qué se trata.

2. Vuelve a leer el texto buscando información importante (detalles clave, hechos y evidencias).

Haz seguimiento a estas pistas. Te servirán para inferir.

3. Pregúntate: *¿Qué dice el texto?*

Ten en cuenta las ideas clave que el autor ofrece.

4. Luego, pregúntate: *¿Qué es lo que ya sé?*

Relaciona lo que ya sabes con las ideas clave que hayas aprendido del texto para hacer una observación.

A partir del texto que acabas de leer, trabaja con la clase para completar la siguiente tabla.

Evidencia del texto	Lo que sé	Inferencia
Washington hizo que leyeran *La crisis americana* a los soldados durante su momento más difícil.		

¡Investiga!

Lee las páginas 248 a 257 del Material complementario. Usa tus destrezas de investigación para buscar evidencia en el texto con información sobre los momentos decisivos de la Guerra de Independencia y que te permita hacer inferencias sobre esos eventos.

Evidencia del texto	Lo que sé	Inferencia

Piénsalo

Revisa tu investigación. A partir de la información que reuniste, ¿por qué piensas que un país tan poderoso como Gran Bretaña no pudo detener a las fuerzas coloniales?

Coméntalo

Debatir en grupos pequeños

Hagan una lista de razones por las que los colonos pudieron revertir el curso de la guerra. Lean la lista completa en voz alta y decidan cuáles son las dos razones más importantes.

_____

_____

_____

_____

_____

_____

_____

_____

_____

_____

_____

_____

_____

_____

_____

_____

Escríbelo

Imagina que eres un reportero de televisión que cubre la Guerra de Independencia. Debes escribir un informe sobre por qué las colonias pudieron revertir el curso de la guerra.

_____

_____

_____

_____

_____

_____

_____

_____

_____

_____

Conexión con la

Hacer conexiones

Piensa en las cualidades que le permitieron al ejército norteamericano revertir el curso de la guerra. ¿De qué forma ves esas cualidades en práctica en el Estados Unidos de hoy?

Notas del Proyecto de investigación

_____

_____

_____

¿Cómo era vivir durante la Guerra de Independencia?

Resultados de la lección

¿Qué estoy aprendiendo?

En esta lección, vas a usar tus destrezas de investigación para aprender sobre cómo era la vida durante la Guerra de Independencia.

¿Por qué lo estoy aprendiendo?

Leer y hablar sobre la vida durante la Guerra de Independencia te servirá para comprender las dificultades que la gente enfrentaba.

¿Cómo sabré que lo aprendí?

Podrás explorar las motivaciones y comprender a la gente que vivió durante la Guerra de Independencia.

Coméntalo

COLABORAR

Observar los detalles Lee el texto de la página siguiente. ¿Cómo era la vida de un soldado en la Guerra de Independencia? ¿Qué habrías hecho en el lugar de Joseph Plumb Martin?

El invierno en Valley Forge

Durante el invierno de 1777 y 1778, las tropas de George Washington acamparon en Valley Forge, Pensilvana. Ellos enfrentaban muchas dificultades para obtener suficientes suministros. Muchos soldados se enfermaron y algunos murieron. Un soldado de Massachusetts, Joseph Plumb Martin, describió sus experiencias en un diario publicado luego de la guerra. El siguiente fragmento describe su estadía en Valley Forge.

FUENTE PRIMARIA

En sus palabras...
Joseph Plumb Martin

Los hombres ya estaban exasperados más allá de toda resistencia. No podían soportarlo más. No veían otra alternativa más que morirse de hambre o deshacer el ejército, renunciar a todo e irse a casa. Este era un tema muy difícil sobre el que los soldados debían pensar. Ellos eran muy patriotas, amaban a su país y ya habían sufrido de todo menos la muerte en su causa. Y ahora, luego de tan duras dificultades, renunciar a todo era demasiado, pero morirse de hambre era demasiado también. ¿Qué se podía hacer? Aquí estaba el ejército, sin ropa y con hambre, y allí su país estático y esperando que ellos hicieran cosas notables mientras se desmayaban de pura inanición.

—Traducido del diario de Joseph Plumb Martin, 1830

Una poetisa esperanzada

Leer Fíjate en el texto. ¿Sobre qué trata el poema?

- **Encierra en un círculo** las palabras que no conozcas.
- **Subraya** pistas que te permitan comprender las palabras o los conceptos desconocidos.
- **Comenta** por qué Wheatley escribió el poema. ¿Qué se puede inferir de sus opiniones?

Mis notas

_____

_____

_____

_____

_____

_____

_____

_____

_____

_____

_____

_____

Phillis Wheatley nació en África. En 1761, cuando era muy joven, fue raptada y llevada en un barco a América del Norte. En Boston fue comprada por un sastre, John Wheatley, quien después la liberaría. Los Wheatley enseñaron a Phillis a leer y escribir, lo cual era una práctica poco común entre los propietarios de personas esclavizadas. Con el tiempo, ella aprendió latín y griego. De adolescente, empezó a escribir poesía. Compuso varios poemas en honor a Estados Unidos. Muchos de ellos muestran su entusiasmo por la nueva nación que se independizaba de Gran Bretaña. Ese entusiasmo también mostraba esperanza por la libertad de las personas esclavizadas.

Phillis Wheatley

Tomado de "A su excelencia, general Washington", por Phillis Wheatley

Apenas un siglo completaba su destinado ciclo
cuando a las potencias gálicas[1] la furia de Columbia[2] encontró;
y también lo hará quien ose mancillar
a la raza de la tierra de la libertad defendida por los cielos.
Fijas están las miradas de las naciones en la puja[3]
pues en su esperanza el brazo de Columbia prevalece.
Pronto Britania[4] agacha su cabeza pensativa,
mientras aumentan las crecientes colinas de sus muertos.
¡Oh, cruel ceguera al estado de Columbia!
Demasiado tarde lamenta vuestra sed de interminable poder.
Avanza, gran líder, con virtud en vuestro lado,
cada una de tus acciones deja que la diosa guíe.
Una corona, una mansión y un trono que brilla
con oro imperecedero... ¡Washington, sean tuyos!

[1] Poderes gálicos: Francia

[2] Columbia: un símbolo femenino de Estados Unidos

[3] Fijas están las miradas de las naciones en la puja: a muchas naciones les interesa el resultado de la guerra.

[4] Britania: un símbolo femenino de Gran Bretaña

2 Hallar evidencias

Vuelve a leer los versos "Avanza, gran líder, con virtud en vuestro lado, / Cada una de tus acciones deja que la diosa guíe".

¿Qué evidencias revelan la opinión de Wheatley sobre Washington? ¿Qué otra evidencia te permite inferir lo que ella piensa que Washington merece? ¿Cómo se enfrentarían esas opiniones con lo que el mismo Washington pensaría que merece?

3 Hacer conexiones

Conversar

COLABORAR

¿Cuál es la opinión de Wheatley sobre Gran Bretaña? ¿Cómo lo puedes deducir a partir del lenguaje del poema?

Explorar Motivaciones

Las **motivaciones** son las razones por las que una persona hace algo. Cuando comprendes las motivaciones de las personas para actuar de cierta forma, aprendes más de ellos y de las cosas que hicieron.

1. **Lee todo el texto una vez.**

   Esto te permitirá saber de qué se trata.

2. **Pregúntate: ¿Quién es la persona y de dónde proviene?**

   Conocer el contexto de una persona te servirá para comprenderla.

3. **Considera cómo el contexto de la persona influyó en lo que pasó.**

   Las circunstancias en la vida de una persona causaron que la persona tomara ciertas decisiones o actuara de cierta forma.

4. **Pregúntate: ¿Cómo influyeron en el evento las motivaciones de la persona?**

   Busca detalles sobre las motivaciones o las circunstancias en la vida de la persona que hicieron que tomara una decisión o realizara una acción.

COLABORAR A partir del texto que acabas de leer, trabaja con la clase para completar la siguiente red. Completa la información sobre el contexto de la persona para descubrir su motivación.

Phillis Wheatley era una mujer esclavizada.

Motivación

¡Investiga!

Lee las páginas 258 a 265 del Material complementario. Usa tus destrezas de investigación para buscar evidencia en el texto con información sobre las motivaciones de una persona de esta lección. Escribe la motivación de la persona en el círculo central y los detalles que permitan explicar su motivación en los círculos que lo rodean.

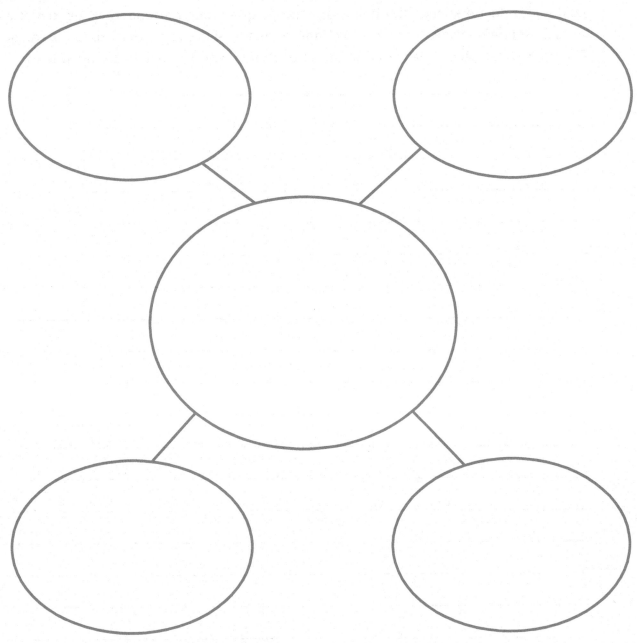

Piénsalo

Revisa tu investigación. Considera lo que has aprendido sobre la vida durante la Guerra de Independencia. ¿Qué riesgos asumió la gente al luchar?

Escríbelo

Escribir una carta Crea un personaje de la época de la Revolución. Primero decide los detalles del personaje: ¿De qué lado está? ¿A qué grupo pertenece? ¿Qué lo motiva? Luego, escribe una carta a un amigo o familiar desde el punto de vista de tu personaje. Comenta lo que piensa de la guerra, cómo la afronta y qué piensa hacer después.

_____

_____

_____

_____

_____

_____

_____

_____

_____

_____

_____

_____

_____

_____

_____

_____

_____

Coméntalo

Entrevista

Trabaja con un compañero o compañera. Entrevístense el uno al otro. Uno de ustedes tomará el papel de periodista y el otro será el personaje que tú creaste. El periodista hará preguntas como: *¿Por qué estás/no estás luchando?*, *¿Qué esperas lograr?* y *¿Cómo cambió la guerra tu vida?* Luego de la primera entrevista, cambien los papeles.

Conexión con la

Hacer conexiones

Piensa en lo que has aprendido sobre la Guerra de Independencia. ¿Qué tiene en común con los conflictos modernos? ¿Qué es diferente?

_____

_____

_____

_____

_____

_____

_____

Notas del Proyecto de investigación

_____

_____

_____

_____

Lección 5

¿Qué obtuvieron los colonos al ganar la guerra?

Resultados de la lección

¿Qué estoy aprendiendo?

En esta lección, vas a usar tus destrezas de investigación para aprender sobre lo que obtuvieron los colonos al ganar la guerra.

¿Por qué lo estoy aprendiendo?

Leer y hablar sobre lo que los colonos norteamericanos obtuvieron te servirá para comprender si valió la pena luchar la guerra.

¿Cómo sabré que lo aprendí?

Podrás comprender las causas y los efectos de ganar la guerra.

Coméntalo

COLABORAR

Observar los detalles En tu opinión, ¿cómo se sienten los soldados de ambos lados del dibujo con lo que está ocurriendo?

SURRENDER OF LORD CORNWALLIS AT YORKTOWN VA. OCT. 19TH 1781.

FROM THE ORIGINAL PAINTING BY COLONEL TRUMBULL IN THE CAPITOL AT WASHINGTON

PUBLISHED BY N. CURRIER, 152 NASSAU ST. NEW YORK

El general Cornwallis se rinde en Yorktown.

1 Inspeccionar

Leer Fíjate en el texto. ¿Qué dice Washington sobre el servicio de sus hombres en la guerra?

- **Encierra en un círculo** las palabras que no conozcas.
- **Subraya** pistas que te permitan comprender las palabras o los conceptos desconocidos.
- **Comenta** los términos que muestran la opinión de Washington.

Mis notas

_____

_____

_____

_____

_____

_____

_____

_____

_____

_____

_____

_____

Las órdenes de despedida de Washington

Washington dio órdenes finales a sus tropas creyendo que estaba a punto de retirarse luego de una larga carrera y que regresaría a su hogar, en Mount Vernon, Virginia. Agradeció a los oficiales y a los hombres. También les recordó el buen trabajo que habían hecho en la lucha por la independencia. Washington no era consciente en ese momento de que más tarde se le pediría que fuera el primer presidente de la nación.

FUENTE PRIMARIA

En sus palabras...

George Washington

Que se sepa y se recuerde que la reputación de los Ejércitos Federales quedó establecida más allá del alcance de la malevolencia. Y que la consciencia de sus logros y de su fama una a los hombres, quienes se dispusieron para acciones honorables, bajo la persuasión de que las virtudes privadas de la economía, la prudencia y la industria no serán menos afables en la vida civil que lo que las cualidades más espléndidas del valor, la perseverancia y la empresa lo fueron en el campo de batalla.

—Tomado de las Órdenes de despedida al Ejército Continental, 2 de noviembre de 1783

Los soldados escuchan al general George Washington dar sus órdenes finales.

2 Hallar evidencias

Vuelve a leer la frase "Que se sepa y se recuerde que la reputación de los Ejércitos Federales quedó establecida más allá del alcance de la malevolencia".

¿Qué quiere decir Washington cuando dice que la reputación de su ejército está "más allá del alcance de la malevolencia"? Usa un diccionario para definir cualquier palabra que sea desconocida.

¿Fue esta una buena frase para incluir en sus órdenes de despedida? ¿Por qué?

3 Hacer conexiones

Conversar ¿Qué cualidades dice Washington que espera que los hombres continúen mostrando en sus vidas cotidianas?

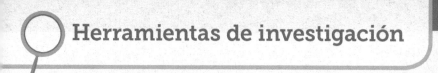
Explorar Causa y efecto

Una **causa** es un evento que hace que algo suceda. Un **efecto** es un evento que ocurre como resultado de una causa. Buscar relaciones de causa y efecto puede servirte para comprender mejor lo que lees.

Para encontrar las causas y los efectos:

1. **Busca conectores relacionados con causas y efectos.**

   Porque, *por lo tanto*, *como resultado*, *para* y palabras y frases similares de conexión pueden indicar relaciones de causa y efecto.

2. **Toma nota de la cronología.**

   A menudo, los textos presentarán relaciones de causa y efecto en el orden en que éstas suceden. Sin embargo, ten cuidado, esto no siempre es cierto.

3. **Analiza los eventos.**

   Pregúntate: *¿Habría sucedido un evento sin esta causa en particular? ¿Habría sido el efecto el mismo si el evento anterior nunca hubiera pasado?*

4. **Considera que un evento puede tener más de una causa o efecto.**

   Generalmente, hay múltiples causas para un evento histórico. Así mismo, un evento histórico puede impactar en muchos eventos futuros.

A partir del texto que acabas de leer, trabaja con la clase para completar la siguiente tabla.

Grupo	Deseaban obtener	Obtenido o perdido	Resultados
los soldados norteamericanos	Deseaban independizarse de Gran Bretaña.		

¡Investiga!

Lee las páginas 266 a 275 del Material complementario. Usa tus destrezas de investigación para buscar evidencia en el texto con información sobre lo que la gente obtuvo y perdió por su participación en la guerra.

Grupo	Deseaban obtener	Obtenido o perdido	Resultados

Piénsalo

Revisa tu investigación. Considera lo que has aprendido sobre las personas involucradas en la Guerra de Independencia. ¿Cuáles eran sus razones para ir a la guerra? ¿Tuvieron éxito en sus propósitos?

Escríbelo

Escribir una carta Toma el papel de un representante de un grupo involucrado en la Guerra de Independencia. Puede ser un patriota, un leal, un afroamericano, un indígena norteamericano, un miembro de una nación aliada o incluso un soldado británico. Escribe una carta a Benjamin Franklin, John Adams y John Jay sobre las negociaciones de paz en París. ¿Qué condiciones le gustaría a tu grupo ver incluidas en el acuerdo de paz? Persuádelos con motivos específicos de por qué tu grupo merece esas condiciones.

_____

_____

_____

_____

_____

_____

_____

_____

_____

_____

_____

_____

_____

_____

_____

Coméntalo

Defender tu posición

Comenta con la clase quiénes fueron los verdaderos ganadores y perdedores de la guerra. ¿Quién obtuvo lo que quería? ¿Quién no? ¿Quién perdió más? ¿Qué fue justo y qué fue injusto?

Conexión con la

Hacer conexiones

Piensa en cómo terminó la Guerra de Independencia. ¿Qué efectos duraderos tuvo en nuestra nación?

_____

_____

_____

_____

_____

_____

_____

Notas del Proyecto de investigación

_____

_____

_____

_____

_____

¿Qué nos dice la era revolucionaria sobre nuestra nación hoy?

Proyecto de investigación

¿Cómo hubieran sido nuestras vidas si...?

Recuerda que, para este proyecto, tus compañeros, tus compañeras y tú diseñarán una línea cronológica de personas, ideas y eventos importantes que tuvieron impacto durante la Guerra de Independencia. Elige uno para hacer una tarjeta de línea cronológica. Después, evalúa la información de la línea cronológica de la clase y elige las cinco personas, eventos o ideas más importantes. Elige un componente de la línea cronológica y analiza cómo sería nuestro país hoy si nunca hubiera sucedido.

Completar tu proyecto

Usa la siguiente lista de comprobación para evaluar tu proyecto. Si omitiste algo, ahora es tu oportunidad de incluirlo.

☐ Conversa sobre cómo nuestra nación sería diferente hoy si alguno de los eventos de la línea cronológica nunca hubiera ocurrido.

☐ Responde las preguntas que otros hagan sobre tus opiniones.

☐ Sustenta la información de la persona, el evento o la idea con evidencias sólidas.

☐ Comunica claramente la información de tu tarjeta de línea cronológica.

Compartir tu proyecto

Cuando compartas la tarjeta de línea cronológica con la clase, asegúrate de prepararte y practicar un par de veces. Habla fuerte y claro. Mira a tus oyentes a los ojos. Sustenta tus ideas con evidencias de tu investigación.

Reflexionar sobre tu proyecto

Piensa en el trabajo que realizaste en este capítulo y en tu proyecto. Guía tus ideas con las siguientes preguntas.

1. ¿Por qué elegiste la persona, la idea o el evento?

_____

2. ¿Cómo evaluaste tu elección? ¿Harías algo de manera diferente la próxima vez?

_____

_____

3. ¿Cómo te aseguraste de que la persona, la idea o el evento fuera importante?

_____

Conexiones del capítulo

Muestra con dibujos, palabras o ambos lo que aprendiste en este capítulo.

Lo más interesante que aprendí fue:

Algo que aprendí de un compañero o compañera fue:

Una conexión que puedo hacer con mi propia vida es:

¿Cómo logran los ciudadanos que se escuchen
sus puntos de vista?
Ciudadanía activa

¡No hay impuestos sin representación! Este fue uno de los gritos de la Guerra de Independencia. Los colonos norteamericanos querían participar en la creación de las leyes y políticas que controlaban sus vidas. Ahora los estadounidenses deben estar activos en su gobierno y comunidad para garantizar que el país permanezca en los ideales sobre los que se fundó.

Funcionarios del gobierno escuchan a las personas que representan en reuniones especiales llamadas asambleas municipales.

Coméntalo

Comenta

Una asamblea municipal es una forma de hablar con un funcionario del gobierno. ¿Cuáles son las ventajas de asistir a una asamblea municipal?

¡Investiga!

Lee sobre los derechos y responsabilidades de los ciudadanos en las páginas 278 a 281 del Material complementario. A medida que leas, piensa en la pregunta: **¿Cómo logran los ciudadanos que se escuchen sus puntos de vista?**

Piénsalo

Identifica un problema de tu escuela que te gustaría que cambiara. Piensa a quién afecta este problema y por qué debe cambiar

Escríbelo

Tomar una posición

Escribe un plan de acción sobre cómo cambiarías un problema de tu escuela. Describe el problema que deseas cambiar y al menos tres pasos que podrías seguir para resolverlo.

Problema: _____

_____

Paso 1: _____

_____

Paso 2: _____

_____

Paso 3: _____

_____

Coméntalo

Defender tu posición

Presenta tu plan a un compañero, una compañera o un grupo. Explica por qué funcionará y ten en cuenta sus comentarios. En tu opinión, ¿cómo podrías convencer a más personas para que te ayuden a trabajar en tu plan?

Sobrevivir el invierno en Valley Forge

PERSONAJES

Narrador	Jonathan (*soldado*)	Abuelo
Madre	Padre	
Martha (*hermana*)	Lawrence (*hermano*)	

Narrador: Nuestra obra comienza en el frío invierno de 1778. Visitamos el hogar de los Miller, una familia patriota de Concord, Massachusets. El hijo mayor de la familia, Jonathan, es un soldado de 18 años del Ejército Continental en Valley Forge, Pensilvania, bajo las órdenes del general George Washington. Los Miller están preocupados por Jonathan. Han oído que los soldados en Valley Forge están exhaustos y necesitan comida y suministros.

Los Miller acaban de recibir una carta de Jonathan.

Madre: ¡Vengan todos aquí! ¡Tengo una carta de Jonathan en Valley Forge!

Martha: ¿Está a salvo, madre?

Madre: Sí, ¡gracias a Dios! Leamos su carta.

Jonathan (*aparece solo en el lado opuesto del escenario. Está sentado como si escribiese una carta*):

Mi querida familia:

Saludos a todos. Los extraño mucho, ¡especialmente a ti, querido abuelo! La vida aquí es bastante difícil. Ha estado lloviendo y nevando sin parar. Dormimos en cabañas de troncos e intentamos mantenernos en calor alrededor de fogatas. Muchos soldados están enfermos y algunos han muerto.

No teman, sin embargo, pues yo tengo buena salud. Estoy dispuesto a luchar por nuestra libertad a cualquier costo.

El general Washington está intentando conseguirnos más suministros. Él es un gran hombre y nuestra victoria está en sus manos. Le ha pedido ayuda a un general prusiano llamado von Steuben. Nos está enseñando cómo marchar y trabajar juntos. Pronto seremos una fuerza de combate refinada y ¡sé que los patriotas ganaremos!

Espero que estén bien. Por favor, escríbanme y envíenme las novedades. Sus palabras son muy reconfortantes.

Su hijo y hermano soldado,

Jonathan

(*Jonathan sale*).

Madre: ¡Mi pobre y valiente hijo! ¡Tan joven y tan patriota!

Martha: ¿Cómo puede alguien en estas colonias apoyar al rey?

Padre: Supongo que es por tradición. Son leales al rey porque todavía se consideran súbditos del rey británico.

Abuelo: Para algunas personas cambiar puede ser difícil. Caray, cuando yo era un joven, ¡nunca hubiera soñado con luchar contra el rey! Tal cosa habría sido imposible de considerar.

Padre: Nosotros, los patriotas, tenemos una visión más grande para el futuro de las colonias. ¡Queremos el derecho de formar nuestro propio gobierno y hacer nuestras propias leyes!

Martha: He oído que hay gente que ayuda a las tropas británicas dándoles información, resguardo y suministros. ¿Es cierto eso?

Madre: Me temo que sí, Martha. Se hacen llamar los leales al rey porque son leales a la corona británica. Pero creo que ganaremos la guerra contra Gran Bretaña, ¡y ganaremos nuestra libertad!

Lawrence: ¿Cómo puedes estar segura?

Padre: Nuestro ejército es fuerte y quiere ganar.

Lawrence: Sí, pero el ejército británico es más fuerte y estoy seguro de que también quieren ganar. También tienen el apoyo de un rey, mientras que mi hermano y sus compañeros soldados se congelan sin mantas ni comida.

Madre: Sí, Lawrence, pero nuestros soldados conocen bien el terreno y son fieles a la causa por la libertad. Lucharán arduamente para proteger su tierra y a sus familias.

Abuelo: Sí, querida. Es bueno recordar sus motivos.

Madre: Todavía estoy preocupada por Jonathan. Debo mandarle una camiseta de lana y mantas para que esté abrigado.

Padre: Y también debemos escribirle una carta. Todavía puede recibirla antes de que el general Washington mueva sus soldados nuevamente.

Martha: Aquí tengo la tinta y el papel. ¿Qué le diremos?

Narrador: El invierno se convirtió en primavera y las condiciones comenzaron a mejorar en Valley Forge. Llegó comida dada por los granjeros locales. Llegaron nuevos soldados. El entrenamiento del barón von Steuben comenzaba a verse en la forma en que los soldados marchaban y se preparaban para la batalla. El Ejército Continental había sufrido en Valley Forge, pero ahora estaba listo para volver a la batalla por la libertad de su país.

Escríbelo

Escribe tu propia obra sobre Jonathan y los otros soldados en Valley Forge. Sitúa la obra en la primavera de 1778. Jonathan acaba de recibir una carta de su familia. Haz que los soldados comenten sus preocupaciones sobre luchar contra los británicos. Anota tus ideas en el espacio que hay a continuación antes de escribir tu obra.

_____

_____

_____

_____

_____

_____

Capítulo 6

La formación de un nuevo gobierno

PREGUNTA PE ESENCIAL

¿De qué manera la Constitución nos ayuda a comprender qué significa ser estadounidenses?

En este capítulo, leerás sobre cómo se creó
la Constitución de Estados Unidos. Aprenderás
por qué el sistema de gobierno de los Artículos
de la Confederación era demasiado débil para
gobernar la nación y de qué manera evolucionó
la Constitución para proteger los derechos
de todos los ciudadanos.

Coméntalo COLABORAR

Comenta con un compañero o compañera las
preguntas que tengas sobre la Constitución de
Estados Unidos. Mientras investigas, busca las
respuestas a tus preguntas. ¡Comencemos!

Proyecto de investigación

¿Qué lado elegirás?

Como clase, propongan una nueva enmienda para la Constitución sobre la que se pueda argumentar a favor y en contra. Luego, divídanse en dos grupos, uno a favor y el otro en contra. En un sitio web de la clase, escriban una serie de cartas o editoriales a favor y en contra de la enmienda con referencia a los argumentos de los otros escritos.

Lista de verificación del proyecto

- ☐ **Trabaja en equipo** para elegir una enmienda sobre la que se pueda argumentar a favor y en contra.

- ☐ **Investiga** la historia y los detalles del tema de la enmienda.

- ☐ **Usa** tu investigación para escribir cartas o editoriales de la enmienda.

- ☐ **Lee** las cartas del otro grupo y responde a sus argumentos.

- ☐ **Escribe** una conversación sobre la enmienda.

Mi plan de investigación

Escribe las preguntas de investigación que te ayuden a planificar tu proyecto. Puedes añadir preguntas a medida que llevas a cabo tu investigación.

_____

_____

_____

_____

_____

Explorar palabras

Completa el Registro de palabras de este capítulo. Toma notas a medida que aprendes más acerca de cada palabra.

artículo

☐ La conozco.
☐ La escuché.
☐ No la conozco.

Mis notas
_____
_____
_____

delegado

☐ La conozco.
☐ La escuché.
☐ No la conozco.

Mis notas
_____
_____
_____

emitir

☐ La conozco.
☐ La escuché.
☐ No la conozco.

Mis notas
_____
_____
_____

enmienda

☐ La conozco.
☐ La escuché.
☐ No la conozco.

Mis notas
_____
_____
_____

jurado

☐ La conozco.
☐ La escuché.
☐ No la conozco.

Mis notas
_____
_____
_____

moneda

Mis notas

☐ La conozco.

_____

☐ La escuché.

_____

☐ No la conozco.

_____

mundo físico

Mis notas

☐ La conozco.

_____

☐ La escuché.

_____

☐ No la conozco.

_____

periodo

Mis notas

☐ La conozco.

_____

☐ La escuché.

_____

☐ No la conozco.

_____

prensa

Mis notas

☐ La conozco.

_____

☐ La escuché.

_____

☐ No la conozco.

_____

proyecto de ley

Mis notas

☐ La conozco.

_____

☐ La escuché.

_____

☐ No la conozco.

_____

Lección 1

¿Qué eran los Artículos de la Confederación y por qué no tuvieron éxito?

Resultados de la lección

¿Qué estoy aprendiendo?

En esta lección, usarás tus destrezas de investigación para explorar los Artículos de la Confederación.

¿Por qué lo estoy aprendiendo?

Leer y hablar sobre las leyes aprobadas en los Artículos te servirá para comprender el proceso que produjo la creación de la Constitución de Estados Unidos.

¿Cómo sabré que lo aprendí?

Podrás evaluar las fortalezas y las debilidades del primer documento constitucional de Estados Unidos.

Coméntalo

Observar los detalles ¿En qué se parece la imagen de los Artículos de la Confederación a otros documentos de la historia de Estados Unidos? En tu opinión, ¿en qué se diferencia de los documentos gubernamentales actuales?

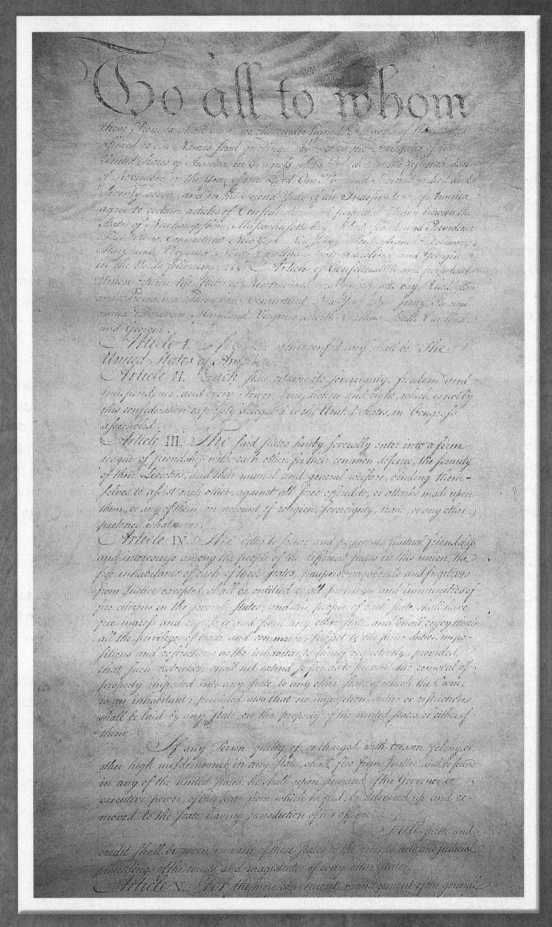

los Artículos de la Confederación

1 Inspeccionar

Leer Observa el título. ¿Qué puedes inferir sobre el autor o los autores de este texto?

- **Encierra en un círculo** las palabras que no conozcas. Busca su significado y vuelve a escribir cada artículo en un lenguaje más simple.

- **Subraya** las palabras que denotan acciones en los artículos. ¿Qué acciones otorgan los Artículos de la Confederación a los estados y al Congreso?

- **Comenten** en pareja por qué los redactores de los Artículos de la Confederación pueden haber decidido dividir el documento en artículos.

Mis notas

_____

_____

_____

_____

_____

_____

Fragmentos de los Artículos de la Confederación

Artículo II.

Cada estado conserva su soberanía, libertad e independencia y toda facultad, jurisdicción y derecho que la presente Confederación no hubiera delegado expresamente al Congreso de Estados Unidos.

Artículo X.

Durante el receso de las sesiones, el Comité de los Estados, o nueve de sus miembros, podrá desempeñar las facultades del Congreso que Estados Unidos, o nueve de los estados, crea conveniente otorgarle; sin embargo, se dispone que a dicho Comité no se le delegarán poderes cuyo ejercicio requiera el consentimiento de nueve estados reunidos en Congreso, según los Artículos de esta Confederación.

Artículo XII.

Todo título de crédito emitido, suma de dinero tomada en préstamo y deuda contraída por el Congreso o bajo su autoridad, antes de la unión de Estados Unidos, en virtud de esta Confederación, serán considerados como deudas de Estados Unidos, y a su pago y satisfacción se compromete solemnemente el mismo Estados Unidos y se empeña la fe pública.

TEXT: Articles of Confederation, arts. 2, 10, 12. March 1, 1781. Documents Illustrative of the Formation of the Union of the American States. Government Printing Office, 1927. House Document No. 398.

En sus palabras...
Alexander Hamilton

Pero la confederación en sí es defectuosa y requiere modificaciones. No se adecúa ni a la guerra ni a la paz. La idea de una soberanía sin controles por parte de cada estado sobre su policía interna prevalecerá sobre las otras facultades otorgadas al Congreso y hará de nuestra unión algo frágil y precario. Existe un sinnúmero de instancias en las que un acto que es necesario para el bien común, y que surge de las facultades otorgadas al Congreso, debe interferir con la policía interna de los estados...

—Carta a James Duane, 2 de septiembre de 1780

2 Hallar evidencias

Volver a leer ¿Qué debilidad de los Artículos de la Confederación identifica Alexander Hamilton en su carta?

Examinar Vuelve a leer el enunciado: "La idea de una soberanía sin controles por parte de cada estado sobre su policía interna prevalecerá sobre las otras facultades otorgadas al Congreso y hará de nuestra unión algo frágil y precario". A partir de este contexto, ¿qué significa la palabra *frágil*? Menciona otra palabra con el mismo significado que *frágil*.

3 Hacer conexiones

Conversar
Comenta con un 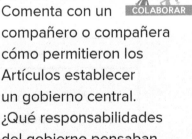 compañero o compañera cómo permitieron los Artículos establecer un gobierno central. ¿Qué responsabilidades del gobierno pensaban los fundadores que eran más importantes?

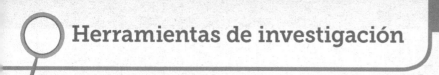

Explorar Ventajas y desventajas

Hacer preguntas sobre lo que lees te servirá para juzgar los resultados positivos y negativos de los eventos históricos.

1. **Lee el texto completo.**

   Esta es la mejor manera para saber de qué trata.

2. **Responde *quién, qué, dónde* y *cuándo*.**

   Anota las fechas, los lugares, los eventos y los personajes que se mencionan en el texto.

3. **Haz inferencias sobre las razones históricas de un evento.**

   Algunas veces, el autor explica directamente cómo y por qué ocurrió algo; otras veces, tendrás que hacer inferencias. Combina tu conocimiento previo con lo que lees para entender el contexto de los eventos mencionados en el texto.

4. **Identifica efectos positivos y negativos.**

   Una vez que hayas respondido las preguntas acerca de un texto, puedes usar esa información para enumerar las ventajas y las desventajas de los eventos históricos de los que leíste.

A partir del texto que acabas de leer, trabaja con la clase para completar la siguiente tabla.

Ventajas	Desventajas
Los Artículos otorgan a los estados mucha libertad para gobernarse a sí mismos.	

¡Investiga!

Lee las páginas 290 a 297 del Material complementario. Usa tus destrezas de investigación para identificar las ventajas y desventajas de los Artículos de la Confederación.

Ventajas	Desventajas

Piénsalo

¿Cuáles fueron las ventajas y las desventajas de los Artículos de la Confederación?

Escríbelo

Tomar una posición

Escribir y citar evidencias Escribe un resumen corto de las ventajas y las desventajas de los Artículos de la Confederación. ¿Cómo le dio el uso de ese documento a la nueva nación lecciones sobre gobernar?

_____

_____

_____

_____

_____

_____

_____

_____

_____

_____

_____

_____

_____

_____

_____

_____

Coméntalo

Defender tu posición

Conversa en pareja sobre los Artículos de la Confederación. ¿Por qué es importante aprender sobre los errores de los Padres Fundadores y no solo sobre sus triunfos?

Educación cívica

Conexión con la

Combinar ideas

¿Qué habría significado para el futuro de Estados Unidos si la forma de gobierno establecida en los Artículos de la Confederación hubiera seguido siendo la forma de gobierno de nuestro país?

_____

_____

_____

_____

_____

_____

Notas del Proyecto de investigación

_____

_____

_____

_____

_____

_____

_____

Lección 2

¿Cómo establece la Constitución la estructura de nuestro gobierno?

Resultados de la lección

¿Qué estoy aprendiendo?

En esta lección, usarás tus destrezas de investigación para explorar la redacción de la Constitución de Estados Unidos.

¿Por qué lo estoy aprendiendo?

Leer y hablar sobre la redacción de la Constitución te servirá para comprender nuestra forma de gobierno, sus leyes y las ideas detrás de esas leyes.

¿Cómo sabré que lo aprendí?

Podrás explicar la estructura de nuestro gobierno y las razones por las cuales tiene esa estructura.

Coméntalo

COLABORAR

Buscar detalles Lee la carta que escribió George Washington al secretario de Asuntos Internacionales, John Jay. ¿Qué piensan ellos de los Artículos de la Confederación?

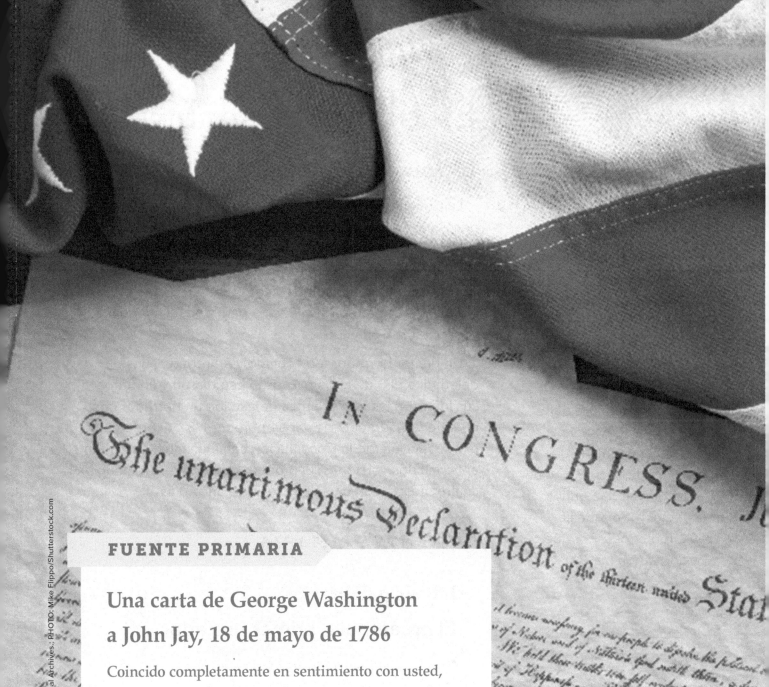

FUENTE PRIMARIA

Una carta de George Washington a John Jay, 18 de mayo de 1786

Coincido completamente en sentimiento con usted, mi querido señor, en que hay errores en nuestro gobierno nacional que nos llaman a la corrección; en voz alta, debo agregar; pero me consideraré felizmente equivocado si los remedios están al alcance de la mano... De que es necesario corregir y modificar los artículos de la Confederación, no me cabe duda; pero cuáles serán las consecuencias de tal intento no queda claro. Y sin embargo, es necesario que se haga algo, o la estructura caerá. Ciertamente, se encuentra inestable.

—Traducido de *The Writings of George Washington*

1 Inspeccionar

Leer Observa las dos versiones del preámbulo de la Constitución.

- **Encierra en un círculo** las palabras que no conozcas.
- **Subraya** las oraciones que aparecen en ambas versiones.
- **Comenten** en grupos de tres. Cada miembro debe liderar una conversación corta acerca de una de estas preguntas: ¿Por qué se mantuvieron algunos aspectos? ¿Por qué se quitaron otros? ¿Por qué se agregaron más?

Mis notas

_____

_____

_____

_____

_____

_____

_____

_____

_____

Escribir (y reescribir) la Constitución

La Constitución no se escribió toda al mismo tiempo. Fue necesario redactarla con cuidado para incluir todas las leyes importantes que son necesarias para un gobierno nacional. El 25 de mayo de 1787, cincuenta y cinco miembros de la Convención Constitucional comenzaron a reunirse en la Casa de Gobierno de Filadelfia para debatir, planear y redactar la Constitución.

Un primer borrador fue copiado y entregado a los delegados el 6 de agosto. Ellos lo estudiaron y anotaron sus ideas en las copias antes de escribir un borrador final, que fue firmado el 17 de septiembre de 1787. El preámbulo, o introducción, de la Constitución cambió significativamente entre las dos versiones. El proceso entero había tomado cuatro meses, con un solo receso de once días.

FUENTE PRIMARIA

En sus palabras...

El preámbulo, primer borrador

Nosotros, el Pueblo de los Estados de Nueva Hampshire, Massachusetts, Rhode-Island y las Plantaciones de Providence, Connecticut, Nueva York, Nueva Jersey, Pensilvania, Delaware, Maryland, Virginia, Carolina del Norte, Carolina del Sur y Georgia, ordenamos, declaramos y establecemos esta Constitución para el Gobierno de Nosotros y de nuestra Posteridad.

—Primer borrador de la Constitución de Estados Unidos, 6 de agosto de 1787

Los delegados de la Convención Constitucional toman turnos para firmar la Constitución.

FUENTE PRIMARIA

En sus palabras...

El preámbulo, borrador final

Nosotros, el Pueblo de Estados Unidos, con el propósito de formar una unión más perfecta, establecer justicia, garantizar la tranquilidad doméstica, proveer para la defensa común, promover el bienestar general y asegurar las bendiciones de la libertad para nosotros y para nuestra posteridad, ordenamos y establecemos esta Constitución para Estados Unidos de América.

—Versión oficial de la Constitución de Estados Unidos, 17 de septiembre de 1787

2 Hallar evidencias

Volver a leer En el preámbulo se exponen cinco deberes del gobierno: "establecer justicia, garantizar la tranquilidad doméstica, proveer para la defensa común, promover el bienestar general y asegurar las bendiciones de la libertad para nosotros y para nuestra posteridad...". Piensa en ejemplos de cómo el gobierno cumple sus deberes. Compara tu lista con tus compañeros.

3 Hacer conexiones

Escribir Imagina que eres uno de los delegados de la Convención Constitucional. En tu opinión, ¿se debería cambiar algo en la segunda versión del preámbulo? Escribe un discurso breve en el que expliques qué querrías que se agregara, cambiara o quitara y por qué es importante.

Explorar Hacer inferencias

Inferir es encontrar un significado que no fue escrito ni dicho directamente. Si un proyecto de ley tiene problemas para salir adelante en el Congreso, se puede inferir que muchas personas están en desacuerdo con él. Por otro lado, si un proyecto de ley se aprueba muy rápido, se puede inferir que fue bien recibido entre los miembros del Congreso. Estos significados que encontramos se llaman inferencias.

Cuando estudiamos Historia, muchas veces tenemos que inferir las razones por las cuales los personajes tomaron ciertas decisiones, especialmente si no dejaron diarios, cartas u otros escritos que las expliquen. Para hacer una inferencia:

1. **Lee el texto con atención.**

   Asegúrate de que comprendes lo que dice.

2. **Recuerda lo que sabes del tema.**

   ¿Qué sabes del evento que se describe? ¿De las personas involucradas? ¿De lo que sucedió antes y después?

3. **Combina lo que sabes con lo que leíste.**

   Reúne toda la información para formar una idea más completa de lo que sucedió.

COLABORAR

A partir del texto que acabas de leer, trabaja con la clase para completar la siguiente tabla.

Lo que sé	Lo que leí	Mi inferencia
	El preámbulo destaca varias metas para la redacción de la Constitución de Estados Unidos.	

¡Investiga!

Lee las páginas 298 a 309 del Material complementario. Usa tus destrezas de investigación para inferir por qué algunos redactores de la Constitución estaban preocupados por la estructura de gobierno central que proponían el Plan de Virginia o el Plan de Nueva Jersey.

Lo que sé	Lo que leí	Mi inferencia

Piénsalo

Revisa tu investigación sobre las dificultades que se presentaron al escribir la Constitución. ¿Cómo el debate sobre la estructura de la asamblea legislativa ilustra el modo en que se redactó la Constitución?

Escríbelo

Tomar una posición

Escribir y citar evidencias Escribe un diálogo entre dos delegados de la Convención Constitucional. En el diálogo se deben mostrar puntos de vista opuestos en la discusión de la estructura de la asamblea legislativa, que posteriormente culminó con el Gran Compromiso. En el diálogo, muestra el punto de vista de cada delegado y sus razones para pensar de esa manera.

_____

_____

_____

_____

_____

_____

_____

_____

_____

_____

_____

_____

_____

_____

Coméntalo

Representar

Con un compañero o compañera lean en voz alta o dramaticen sus diálogos. Cuando terminen, den cada uno su opinión al otro. ¿Cómo mostró tu compañero o compañera la disputa y el compromiso?

Educación cívica

Conexión con la

Combinar ideas

¿Qué revela de nuestro sistema de gobierno el proceso de redacción de la Constitución?

_____

_____

_____

_____

_____

Notas del Proyecto de investigación

_____

_____

_____

_____

_____

_____

_____

Lección 3

¿De qué manera la Constitución y la Declaración de Derechos afectan a los ciudadanos?

Resultados de la lección

¿Qué estoy aprendiendo?

En esta lección, usarás tus destrezas de investigación para explorar cómo la Constitución y la Declaración de Derechos afectan a los estadounidenses.

¿Por qué lo estoy aprendiendo?

Leer y hablar sobre las libertades que protegen la Constitución y la Declaración de Derechos te servirá para comprender los derechos de los ciudadanos estadounidenses.

¿Cómo sabré que lo aprendí?

Podrás resumir cómo influyen los documentos fundacionales de nuestro país en la vida de los ciudadanos estadounidenses.

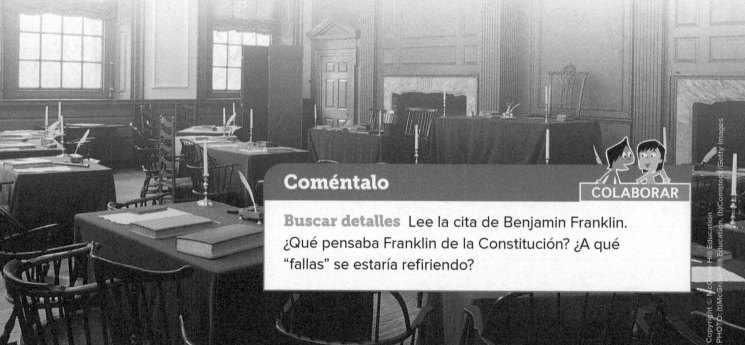

Coméntalo

COLABORAR

Buscar detalles Lee la cita de Benjamin Franklin. ¿Qué pensaba Franklin de la Constitución? ¿A qué "fallas" se estaría refiriendo?

En sus palabras...
Benjamin Franklin

Acepto esta Constitución, con todas sus fallas... porque creo que necesitamos un gobierno general... Tengo mis dudas, también, sobre si cualquier otra Convención que pudiésemos obtener lograría hacer una Constitución mejor...

—Benjamin Franklin, en el cierre de la Convención Constitucional de 1787

¿Sabías que...?

En la época de la Convención Constitucional, Benjamin Franklin tenía más de 80 años y se encontraba mal de salud. La mayor parte de la convención ocurrió en los meses de verano, y la habitación cálida hacía que Franklin estuviera aún más incómodo. Sin embargo, jugó un papel importante, ayudando a calmar los ánimos cuando otros perdían la paciencia. Muchas de las ideas de Franklin fueron rechazadas por los demás delegados. Una de esas ideas era que el poder ejecutivo debía ser liderado por un comité y que el Congreso debía tener una cámara y no dos. A pesar de todo, Franklin apoyó la versión final de la Constitución.

Al final de la convención, Franklin les comentó a algunos de los delegados que la silla de George Washington tenía un medio sol en la parte de atrás. Durante meses, él había pensado en ese sol como una metáfora de la convención y dijo a sus colegas que se había preguntado "si era un sol naciente o un sol poniente. Pero ahora, después de un tiempo, estoy feliz de saber que es un sol naciente y no un sol poniente".

Las libertades de culto y de expresión

1 Inspeccionar

Leer Fíjate en los títulos "Las libertades de culto y de expresión" y "La Primera Enmienda". ¿Qué conexiones hay entre ellos?

- **Encierra en un círculo** las palabras que no conozcas.
- **Subraya** las palabras relacionadas con el concepto de "Las libertades de culto y de expresión".
- **Comenten** en pareja por qué los redactores de la Declaración de Derechos incluyeron los derechos de libertad de expresión y de culto como primera adición a la Constitución.

Mis notas

_____

_____

_____

_____

_____

_____

_____

La Primera Enmienda a la Constitución garantiza las libertades de culto y de expresión de los ciudadanos estadounidenses. Esta enmienda busca evitar que el gobierno federal castigue a los ciudadanos por lo que dicen o por sus creencias. Desde la redacción de la Constitución, la Corte Suprema ha decidido muchos casos relacionados con la Primera Enmienda.

La Corte Suprema ha interpretado que la Primera Enmienda concede cuatro derechos de expresión básicos junto con la libertad de culto, la cual permite a las personas practicar la religión que prefieran. La libertad de expresión da a las personas el derecho de compartir sus ideas abiertamente. La libertad de prensa garantiza el derecho de los medios de publicar sus noticias libremente. La libertad de reunión permite a los ciudadanos de Estados Unidos reunirse y organizar asambleas. La libertad de petición otorga el derecho de firmar peticiones y protestar contra políticas del gobierno. Las amplias libertades de expresión otorgadas por la Primera Enmienda hicieron posibles algunas campañas de protesta en Estados Unidos, como el movimiento por el sufragio de la mujer y el movimiento por los derechos civiles.

FUENTE PRIMARIA

La Primera Enmienda

El Congreso no hará ley por la que adopte una religión oficial para el estado o prohíba practicarla, o que coarte la libertad de palabra o de imprenta, o el derecho del pueblo para reunirse pacíficamente y pedir al gobierno la reparación de agravios.

La Primera Enmienda otorga a los ciudadanos estadounidenses el derecho de expresar sus opiniones de manera pública.

2 Hallar evidencias

Volver a leer ¿Cómo presenta el autor los detalles de la Primera Enmienda?

Examinar Subraya las palabras y los conectores que emplea el autor.

3 Hacer conexiones

Dibujar Con un compañero o compañera dibujen una tabla de las cinco libertades básicas que protege la Primera Enmienda. En una columna, pongan el nombre de la libertad. En la siguiente, el derecho que otorga a los ciudadanos estadounidenses. En la última columna, las excepciones que la Primera Enmienda no protege.

COLABORAR

Conexión con el presente ¿Cómo afecta la Primera Enmienda las libertades que gozas actualmente?

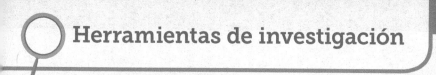
Resumir

Cuando escribes un resumen enumeras los detalles más importantes de un texto. Tu resumen te servirá para recordar la estructura de un texto y reflexionar sobre ella.

Para escribir un resumen:

1. Lee el texto completo.

Esto te servirá para identificar la idea principal del texto.

2. Vuelve a leer el texto y escribe algunas notas.

Escribe notas sobre las personas, los lugares, los eventos y las ideas de las que trata el texto. Asegúrate de incluir detalles que aparecen directamente en el texto y no tus opiniones.

3. Enumera los detalles más importantes.

Escribe los detalles principales en el orden en que aparecen en el texto.

4. Asegúrate de que tu resumen sea breve.

Tu resumen debe ser más corto que el original.

COLABORAR
A partir del texto que acabas de leer, trabaja con la clase para completar la siguiente tabla.

Detalles	La Primera Enmienda a la Constitución protege las libertades de culto y de expresión de los estadounidenses.		
Resumen			

¡Investiga!

Lee las páginas 310 a 319 del Material complementario. Usa tus destrezas de investigación para enumerar detalles importantes y para escribir un resumen de una sección del texto que leíste.

Detalles				

Resumen	

Piénsalo

¿Cuál es el propósito de la Declaración de Derechos?

Escríbelo

Dar un ejemplo

Ilustrar Elige un derecho protegido por la Declaración de Derechos. Escribe y dibuja una historieta que muestre la puesta en práctica de esa enmienda.

Coméntalo

Explicar

Trabaja con un compañero o una compañera que haya elegido una enmienda diferente de la Declaración de Derechos. Lean las historietas del otro y conversen sobre situaciones cotidianas en que las enmiendas les podrían otorgar libertades.

Civismo

Conexión con la

Combinar ideas

¿De qué manera sirve la Declaración de Derechos para definir lo que significa ser un ciudadano de Estados Unidos?

_____

_____

_____

_____

_____

_____

Notas del Proyecto de investigación

_____

_____

_____

_____

_____

_____

_____

PREGUNTA PE ESENCIAL

¿De qué manera la Constitución nos ayuda a comprender qué significa ser estadounidenses?

Proyecto de investigación

¿Qué lado elegirás?

Recuerda, para este proyecto deberás proponer con tu clase una nueva enmienda para la Constitución, participar en grupos a favor o en contra de ella, y escribir cartas en línea defendiendo las dos posiciones.

Completa tu proyecto

Usa la siguiente lista de comprobación para evaluar tu proyecto. Si omitiste algo, ahora es tu oportunidad de incluirlo.

☐ Elige una enmienda a la que sea posible defender y oponerse.

☐ Escribe una carta o editorial virtual en la que expreses tu punto de vista.

☐ Investiga la historia y las particularidades del tema del que trate la enmienda para defender tu punto de vista.

☐ Lee la carta de otro grupo a favor o en contra de la enmienda. Reacciona a ella de manera respetuosa escribiendo otra carta.

☐ Escribe una conversación acerca de la enmienda.

Compartir tu proyecto

En grupo expongan a toda la clase sus conclusiones con respecto a la enmienda. Tengan en cuenta cuál sería el impacto en el país si se aprueba o no. Mencionen si las cartas del otro grupo los hicieron cambiar de opinión. Sean respetuosos con los puntos de vista de sus compañeros y compañeras.

Reflexionar sobre tu proyecto

Piensa en el trabajo que realizaste en este capítulo y en tu proyecto.
Guía tus ideas con las siguientes preguntas.

1. ¿Por qué elegiste tu posición con respecto a la enmienda?

_____

_____

2. ¿Cómo hiciste tu investigación? ¿Harías algo distinto en una próxima ocasión?

_____

_____

3. ¿Cómo confirmaste que las fuentes fueran confiables? _____

_____

Conexiones del capítulo

Muestra con dibujos, palabras o ambos lo que aprendiste en este capítulo.

Lo más interesante que aprendí fue:

Algo que aprendí de un compañero o compañera fue:

Una conexión que puedo hacer con mi propia vida es:

¿Cómo le da forma la historia al **gobierno de un país?**

El IMPACTO hoy

Como ocurrió con la Guerra de Independencia, los eventos históricos de un país pueden determinar su tipo de gobierno. Estados Unidos ha tenido la misma forma de gobierno y la misma constitución desde que se independizó. Dicho modo de gobernar incluso sobrevivió a la larga y violenta Guerra Civil. Otros países en América del Norte y del Sur han cambiado las formas de gobierno con más frecuencia. Sin embargo, muchos han adoptado formas de gobierno y constituciones similares a las de Estados Unidos.

Coméntalo

Observar las fotografías

Algunos gobiernos son elegidos por el pueblo y tienen un sistema de controles y contrapesos. Otros gobiernos son dirigidos por un solo líder, como un dictador o monarca, quien toma la mayoría de las decisiones. En tu opinión, ¿Cuáles son algunos aspectos positivos y negativos de estos gobiernos?

La democracia es la forma de gobierno más común en el hemisferio occidental hoy. En el pasado los dictadores dirigían muchos países latinoamericanos.

¡Investiga!

Lee sobre la historia y el gobierno de otros países del hemisferio occidental en las páginas 322 a 325 del Material complementario. A medida que leas, piensa en la pregunta: **¿Cómo le da forma la historia al gobierno de un país?**

Piénsalo

Revisa tu investigación. A partir de lo que has aprendido, ¿cuáles son algunas características comunes y únicas de los gobiernos en el hemisferio occidental? ¿Quién ejerce el poder en los distintos gobiernos? ¿Cuál es el papel de los ciudadanos en la conformación de ese poder?

Escríbelo

Escribir y citar evidencias

Compara y contrasta el gobierno de Estados Unidos con el gobierno de otro país del hemisferio occidental sobre el que aprendiste. ¿En qué se parecen y en qué se diferencian? ¿Cuál es el papel de los ciudadanos en la configuración de cada gobierno? En tu opinión, ¿cuál gobierno es mejor?

País que se compara con Estados Unidos: _____

En qué se parece y en qué se diferencia al gobierno de Estados Unidos:

_____

_____

_____

Papel de los ciudadanos en cada gobierno:

_____

_____

_____

Gobierno que me gusta más:

_____

Coméntalo

Defender tu posición

Conversa con un compañero o compañera acerca de las ventajas y las desventajas de los gobiernos que comparaste. Describe cuál sería el gobierno ideal si pudieras comenzar un nuevo gobierno.

Una nación que crece

PREGUNTA **PE** ESENCIAL

¿Qué nos revelan los primeros años de Estados Unidos sobre el carácter de la nación?

En este capítulo, leerás sobre cómo los primeros líderes de la nación tomaron decisiones que moldearon a los jóvenes Estados Unidos. Estudiarás la importancia de los inventos que facilitaron los viajes y la comunicación. Leerás sobre cómo Estados Unidos se expandió hacia el Oeste. Además, explorarás los conflictos y los acuerdos relacionados con la esclavitud.

Coméntalo COLABORAR

Comenta con un compañero o compañera qué preguntas tienes sobre cómo los primeros años de Estados Unidos definirían la identidad de la nación. Mientras investigas, busca respuestas a tus preguntas. ¡Comencemos!

Proyecto de investigación

Crea una galería de museo

Crea una galería (impresa o digital) de tres pinturas en la que se muestre la expansión hacia el Oeste. Para cada imagen, escribe una ficha técnica en la que debes incluir el título, el nombre del artista, el año en que fue pintada y una breve descripción de la imagen. En grupo, comenten por qué las pinturas funcionan bien en conjunto como representación del carácter y el espíritu de Estados Unidos.

Lista de verificación del proyecto

☐ **Investiga** para identificar tres pinturas que muestren los primeros años de la nación.

☐ **Busca** información sobre cada pintura. Determina qué te gusta y qué no te gusta de cada una.

☐ **Haz** una ficha técnica para cada pintura con los hechos y detalles de tu investigación.

☐ **Presenta** cada imagen y su ficha a la clase. Explica por qué elegiste cada pintura a medida que cuentas su historia.

Mi plan de investigación

Escribe las preguntas de investigación que te ayuden a planificar tu proyecto. Puedes añadir preguntas a medida que llevas a cabo tu investigación.

_____

_____

_____

_____

_____

Explorar palabras

Completa el Registro de palabras de este capítulo. Toma notas a medida que aprendas más acerca de cada palabra.

abolicionista
Mis notas
☐ La conozco.
☐ La escuché.
☐ No la conozco.

auge
Mis notas
☐ La conozco.
☐ La escuché.
☐ No la conozco.

ceder
Mis notas
☐ La conozco.
☐ La escuché.
☐ No la conozco.

composición
Mis notas
☐ La conozco.
☐ La escuché.
☐ No la conozco.

Destino Manifiesto
Mis notas
☐ La conozco.
☐ La escuché.
☐ No la conozco.

fugitivo

Mis notas

☐ La conozco.
☐ La escuché.
☐ No la conozco.

_____

_____

_____

inconstitucional

Mis notas

☐ La conozco.
☐ La escuché.
☐ No la conozco.

_____

_____

_____

intercambiable

Mis notas

☐ La conozco.
☐ La escuché.
☐ No la conozco.

_____

_____

_____

política

Mis notas

☐ La conozco.
☐ La escuché.
☐ No la conozco.

_____

_____

_____

telar

Mis notas

☐ La conozco.
☐ La escuché.
☐ No la conozco.

_____

_____

_____

¿De qué manera las primeras decisiones le dieron forma a la nación?

Resultados de la lección

¿Qué estoy aprendiendo?

En esta lección, usarás tus destrezas de investigación para aprender sobre importantes acontecimientos y decisiones de gobierno durante los primeros años de Estados Unidos.

¿Por qué lo estoy aprendiendo?

Leer y hablar sobre esos primeros acontecimientos y decisiones te servirá para comprender la dirección que la nación tomó y qué efectos tuvo para el futuro.

¿Cómo sabré que lo aprendí?

Podrás describir las causas y los efectos de importantes acontecimientos ocurridos durante los primeros años de la nación, además de las decisiones y las políticas de los primeros líderes de la nación.

Coméntalo
COLABORAR

Observar los detalles ¿Qué objeto cerca del centro de esta imagen se destaca en medio de todo el fuego de cañón? ¿Qué sugiere el artista con esta imagen?

Durante la Guerra de 1812, los británicos intentaron capturar
el fuerte McHenry, en las afueras de Baltimore, Maryland.

1 Inspeccionar

Leer Mira la letra de esta fuente primaria y las oraciones que la presentan.

- **Encierra en un círculo** las palabras que no conozcas.
- **Subraya** pistas que muestren sobre *qué* evento trata el texto, *dónde* y *cuándo* tiene lugar, y *cómo* y *por qué* sucede.
- **Comenta** con un compañero o compañera el acontecimiento que presenció Francis Scott Key.

Mis notas

_____

_____

_____

_____

_____

_____

_____

_____

_____

_____

_____

The Star-Spangled Banner

El estadounidense Francis Scott Key fue detenido por los británicos en un barco en el puerto de Baltimore durante la Guerra de 1812. Desde el barco, presenció el bombardeo británico del fuerte McHenry el 13 de septiembre de 1814. A la mañana siguiente, vio la bandera estadounidense ondeando aún sobre el fuerte. Expresó sus sentimientos en un poema que fue musicalizado después. Conocido como "The Star Spangled Banner" ("La bandera adornada con estrellas"), finalmente se convirtió en el himno nacional de Estados Unidos el 3 de marzo de 1931.

FUENTE PRIMARIA

Amanece: ¿lo ves a la luz de la aurora

lo que tanto aclamamos la noche al caer?

Sus estrellas, sus franjas, ondeaban ayer

en el fiero combate en señal de victoria.

Fulgor de lucha, al paso de la libertad,

por la noche decían: "¡Se va defendiendo!".

¡Oh, decid! ¿Despliega aún su hermosura estrellada

sobre tierra de libres la bandera sagrada?

–Traducido de "The Star-Spangled Banner", de Francis Scott Key

2 Hallar evidencias

Volver a leer Mira la letra. ¿A qué objeto o artículo se refiere la primera pregunta? ¿Qué detalles dejan claro esto en las primeras dos oraciones? ¿Cuál es la importancia de que este objeto aún esté allí "a la luz de la aurora"?

3 Hacer conexiones

Conversar La traducción del nombre de la canción es "La bandera adornada con estrellas". Comenta con un compañero o compañera por qué se llama así.

Explorar Causa y efecto

Una **causa** es un acontecimiento o acción que es la razón por la que algo sucede. Un **efecto** es el resultado de una causa. A menudo, una situación, un acontecimiento o una decisión tiene más de una causa o más de un efecto. Considera las causas y los efectos de las decisiones y políticas de gobierno durante los primeros años de Estados Unidos.

1. Lee todo el texto una vez.

Esto te permitirá saber de qué se trata.

2. Observa los títulos de las secciones para ver cómo está organizado el texto.

Esto te ayudará a hallar acontecimientos, decisiones y políticas clave.

3. Halla razones o explicaciones.

Mientras lees, pregúntate qué razones específicas causaron una decisión o política en particular.

4. Presta atención a cambios específicos.

Mientras lees, pregúntate también qué cambios específicos fueron el efecto de una decisión o política en particular.

 A partir del texto que acabas de leer, trabaja con la clase para completar la siguiente tabla.

Causa	Efecto

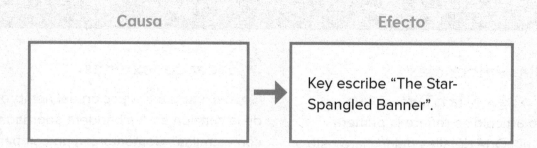

Key escribe "The Star-Spangled Banner".

¡Investiga!

Lee las páginas 334 a 345 del Material complementario. Usa tus destrezas de investigación para determinar los efectos de decisiones importantes que se tomaron durante los primeros años de Estados Unidos. En la columna "Causas" escribe la decisión. En la columna "Efectos" describe el impacto que la decisión tuvo en la nación.

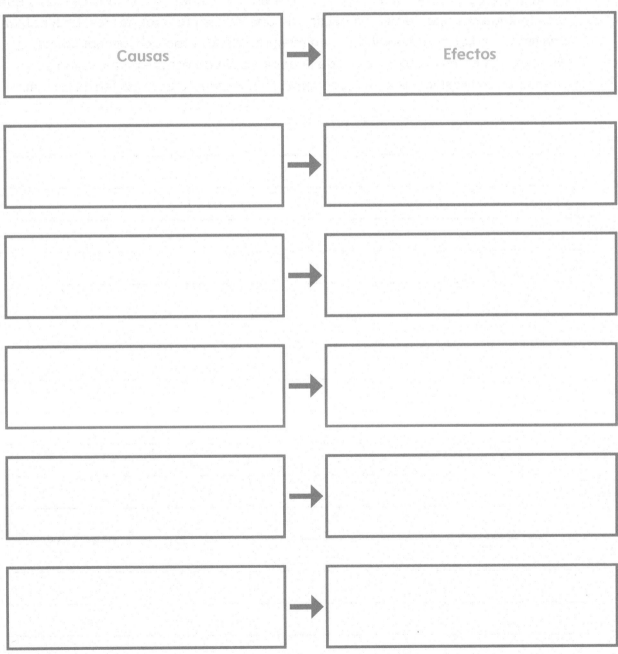

Causas → Efectos

Piénsalo

Repasa tu investigación. ¿Por qué fue importante explorar el territorio de Luisiana?

Escríbelo

Escribir una entrada de diario

Imagina que eres una persona que vive en los primeros años de Estados Unidos y que se vio afectada por una decisión o política de uno de los primeros líderes. Esta persona podría ser un indígena, un poblador o un miembro del Cuerpo de Descubrimiento. Explica, en una entrada de diario desde la perspectiva de esta persona, cómo se vio afectada por la decisión y por qué fue importante. Recuerda usar evidencia textual.

_____

_____

_____

_____

_____

_____

_____

_____

_____

_____

_____

_____

_____

_____

_____

_____

Coméntalo

Defender tu posición

En pareja, comenten sus entradas de diario. Túrnense para hacer y responder preguntas que expliquen quién es el autor de cada diario, qué ha estado haciendo esa persona y cómo una o más políticas o decisiones del gobierno la han afectado.

Historia

Conexión con la

Considerar causa y efecto

Piensa en la política o decisión sobre la que escribiste en tu entrada de diario. En general, ¿cómo cambió a la nación y a sus habitantes?

_____

_____

_____

_____

_____

_____

Notas del Proyecto de investigación

_____

_____

_____

_____

_____

_____

_____

¿De qué manera los avances en tecnología y transporte le dieron forma a la nación?

Resultados de la lección

¿Qué estoy aprendiendo?

En esta lección, usarás tus destrezas de investigación para aprender sobre la nueva tecnología y el transporte de las décadas posteriores a la Guerra de Independencia y cómo afectaron la vida de los ciudadanos de Estados Unidos.

¿Por qué lo estoy aprendiendo?

Leer y hablar sobre la nueva tecnología y los nuevos medios de transporte te servirá para comprender la importancia de su contribución al desarrollo de la economía de Estados Unidos y el impacto que tuvieron en la vida de la gente.

¿Cómo sabré que lo aprendí?

Podrás describir inventos importantes y otros cambios y cómo estos solucionaron los problemas de traslado y comunicación, además del efecto que tuvieron en la manera en que la gente trabajaba.

Coméntalo

COLABORAR

Observar los detalles ¿Con qué energía funcionan los diferentes tipos de barcos? ¿Cómo lo sabes?

Esta pintura de una escena en un río muestra una barcaza usada para transportar bienes y, en el fondo, varios barcos de vapor que llevan pasajeros.

1 Inspeccionar

Leer Examina el texto de esta fuente primaria y las oraciones que lo presentan.

- **Encierra en un círculo** las palabras que no conozcas.

- **Subraya** detalles que te indiquen *qué* aspecto tiene el camarote del barco de vapor, a *dónde* va Charles Dickens y *cuándo* espera llegar allí.

- **Comenta** en pareja las opiniones que Dickens parece tener sobre el barco de vapor.

Mis notas

_____

_____

_____

_____

_____

_____

_____

_____

_____

_____

_____

Charles Dickens viaja en un barco de vapor estadounidense

El escritor británico Charles Dickens ya era famoso cuando él y su esposa visitaron Estados Unidos en 1842. Después de hacer paradas en la Costa Este, viajaron en barcaza, en tren y en diligencia hasta Pittsburgh, Pensilvania. Desde allí, tomaron un barco de vapor llamado *Mensajero* por el río Ohio hasta Cincinnati, Ohio. Antes de la invención del barco de vapor, viajar por las vías navegables tomaba mucho tiempo y dependía de la corriente del agua. El siguiente texto forma parte de la descripción de Dickens de ese viaje.

una caricatura del autor británico Charles Dickens

En sus palabras...
Charles Dickens

El *Mensajero* era uno entre una multitud de barcos de vapor de alta presión reunidos junto a un muelle y, visto desde el suelo elevado que da forma al lugar de amarre y con la ribera alta en el lado opuesto del río como fondo, no parecía ser más grande que muchos otros modelos que flotaban. Había unos cuarenta pasajeros a bordo, sin contar a la gente pobre de la cubierta inferior; y en media hora, o menos, se echó a andar.

Nosotros teníamos un pequeño camarote con dos literas... Era un alivio inexplicable tener un lugar, sin importar lo confinado que fuera, donde pudiéramos estar a solas...

Estaremos tres días a bordo del *Mensajero*: llegaremos a Cincinnati el lunes por la mañana, a menos que suceda algo imprevisto. Nos sirven tres comidas al día. El desayuno a las siete, el almuerzo a las doce y media, la cena aproximadamente a las seis. En cada comida abundan los platitos y los platos en la mesa, con poco en ellos; así que aunque parezca que se trata de un gran banquete, rara vez se asemeja a eso: excepto para aquellos a los que les gustan las rebanadas de remolacha, las tiras de carne de res deshidratada, los complicados enredos de encurtidos; el maíz, el maíz indígena, el puré de manzana y la calabaza.

—Tomado de *Notas de América*, Capítulo XI

Copyright © McGraw-Hill Education
TEXT: Dickens, Charles. American Notes. New York: John W. Lovell Company, 1883.; PHOTO: McGraw-Hill Education

2 Hallar evidencias

Volver a leer ¿Qué te muestra la cita de las dos clases de pasajeros en los barcos de vapor? ¿Qué clase de pasajero es Charles Dickens?

3 Hacer conexiones

Conversar 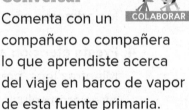 Comenta con un compañero o compañera lo que aprendiste acerca del viaje en barco de vapor de esta fuente primaria.

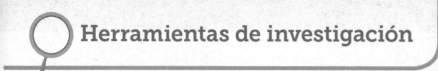

Explorar Problema y solución

El texto a menudo se organiza presentando problemas y después mostrando cómo esos problemas se han resuelto o se podrían resolver.

1. **Lee todo el texto una vez.**

   Esto te permitirá saber de qué se trata.

2. **Observa los títulos de las secciones para ver cómo está organizado el texto.**

   Esto te ayudará a hallar acontecimientos, decisiones y políticas clave.

3. **Halla problemas específicos.**

   Mientras lees, pregúntate qué problemas tenía la gente durante los primeros años de Estados Unidos.

4. **Presta atención a soluciones específicas.**

   Mientras lees, pregúntate también qué inventos o cambios en particular ofrecieron soluciones a esos problemas.

COLABORAR

A partir del texto que acabas de leer, trabaja con la clase para completar la siguiente tabla.

Problema	Solución
Viajar por las vías de navegación tomaba mucho tiempo y dependía de la corriente del agua.	

¡Investiga!

Lee las páginas 343 a 353 del Material complementario. Usa tus destrezas de investigación para determinar cómo los avances en tecnología y transporte resolvieron diversos problemas durante los inicios de Estados Unidos. Usa la siguiente tabla para organizar la información.

Problema	Solución

Piénsalo

¿Cómo era comunicarse con alguien que vivía lejos a principios del siglo XIX? Revisa tu investigación para responder la pregunta.

Escríbelo

Escribir un anuncio publicitario

Haz un anuncio mediante el cual invites a utilizar una de las nuevas tecnologías que se comentan en esta lección. Anima a aquellos que no se fían de la nueva tecnología para que la prueben. Sustenta tus afirmaciones sobre la nueva tecnología con hechos y detalles del texto. Escribe o haz una gráfica para acompañar tu anuncio.

_____

_____

_____

_____

_____

_____

_____

_____

_____

_____

_____

_____

_____

_____

Coméntalo

Comparar anuncios

Compara tu anuncio con el de un compañero o compañera. ¿Cuál tiene más probabilidades de persuadir a la gente para que use la nueva tecnología? ¿Por qué?

Historia

Conexión con la

Considerar causa y efecto

¿Cómo moldearon los avances en transporte y comunicación los primeros años de Estados Unidos?

_____

_____

_____

_____

_____

_____

Notas del Proyecto de investigación

_____

_____

_____

_____

_____

_____

Lección 3

¿Quiénes eran los habitantes de Estados Unidos durante los primeros años del país?

Resultados de la lección

¿Qué estoy aprendiendo?

En esta lección, usarás tus destrezas de investigación para explorar los diversos pueblos que vivieron durante los primeros años de Estados Unidos, como los pioneros, los indígenas, los afroamericanos y los inmigrantes.

¿Por qué lo estoy aprendiendo?

Leer y hablar sobre las vidas de las personas que poblaron Estados Unidos durante los primeros años del país te ayudará a comprender cómo las experiencias de los habitantes de la joven nación se vieron afectadas por su raza, su etnia y su género.

¿Cómo sabré que lo aprendí?

Podrás comparar y contrastar en un artículo breve de blog las experiencias de tres grupos de pobladores que vivieron durante los primeros años de Estados Unidos. Después, sustentarás tus conclusiones con hechos y detalles del texto.

Coméntalo

Observar los detalles Lee el fragmento de "America, the Beautiful" (El bello Estados Unidos). ¿Qué tipo de país describe la autora?

Copyright © McGraw-Hill Education
PHOTO: McGraw-Hill Education

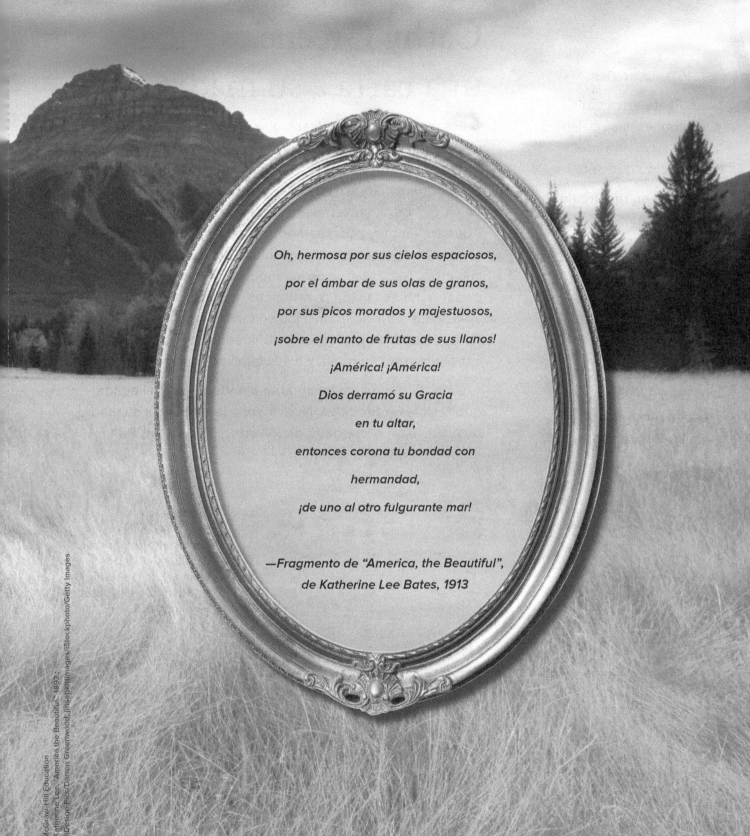

Oh, hermosa por sus cielos espaciosos,

por el ámbar de sus olas de granos,

por sus picos morados y majestuosos,

¡sobre el manto de frutas de sus llanos!

¡América! ¡América!

Dios derramó su Gracia

en tu altar,

entonces corona tu bondad con

hermandad,

¡de uno al otro fulgurante mar!

—Fragmento de "America, the Beautiful",
de Katherine Lee Bates, 1913

"El ámbar de sus olas de granos": campo de trigo

1 Inspeccionar

Leer Fíjate en el título. ¿Qué sugieren las palabras "carta a su madre" del tipo de texto que será?

- **Encierra en un círculo** las palabras que no conozcas.
- **Subraya** pistas que te sirvan para responder las preguntas *quién*, *qué*, *dónde*, *cuándo* o *por qué*.
- **Comenta** en pareja cómo se siente Cathy Greene y cómo ha sido su experiencia como una inmigrante recién llegada.

Mis notas

_____

_____

_____

_____

_____

_____

_____

_____

_____

_____

_____

Cathy Greene escribe una carta a su madre

Los inmigrantes irlandeses que escapaban de la pobreza y del hambre en su país enfrentaron muchas dificultades cuando llegaron a Estados Unidos. La ciudad de Nueva York, por ejemplo, era muy diferente de la campiña irlandesa. Para muchos el ambiente era extraño y atemorizante. Además, en muy poco tiempo, los inmigrantes tenían que asegurarse de que sus necesidades básicas estuvieran cubiertas. Necesitaban un lugar donde vivir y un trabajo para poder ganarse la vida. Y, entonces, muchos sentían el peso aplastante de la soledad. Habían tenido que dejar su tierra porque había muy pocas oportunidades allí. Pero a menudo extrañaban sus hogares y a sus familias profundamente.

Cathy Greene, una inmigrante irlandesa recién llegada que residía en Brooklyn, Nueva York, le escribió a su madre, quien vivía en el condado de Kilkenny, Irlanda, en 1884, rogándole que le respondiera.

A mediados del siglo XIX, muchos inmigrantes irlandeses llegaban a Estados Unidos con la esperanza de escapar de la pobreza y del hambre.

En sus palabras...

Cathy Greene

Querida mamá:

¿Qué demonios sucede con ustedes, que a ninguno se le ocurre escribirme? Sucede que me siento desanimada y preocupada. En la noche no puedo dormir y cuando lo logro me despiertan los sueños más aterradores.

¡Y pensar que está por cumplirse el tercer mes desde que me escribiste! Siento que estoy muerta para el mundo. Ya no trabajo donde solía hacerlo. El negocio fracasó. Estuve sin trabajo durante todo el verano y solo el diablo sabe por cuánto tiempo más. Este es un mundo lleno de dificultades.

Lucharía contra el mundo y nunca me sentiría insatisfecha si me escribieras más a menudo... Sé que si no recibo noticias de ti antes de que recibas esta carta... me sentiré prácticamente muerta.

—Traducido de una carta de Cathy Greene a su madre, 1 de agosto de 1884

2 Hallar evidencias

Volver a leer Presta atención a los problemas con los que Cathy Greene tiene que lidiar. ¿Crees que estos problemas afectan su ansiedad aún más por no tener noticias de su madre?

Vuelve a leer la línea "Lucharía contra el mundo y nunca me sentiría insatisfecha si me escribieras más a menudo". ¿Qué intenta decir Cathy Greene a su madre en estas líneas?

3 Hacer conexiones

Conversar
Comenta con un compañero o compañera los distintos sentimientos que un inmigrante podría tener debido a que sus familiares están lejos.

COLABORAR

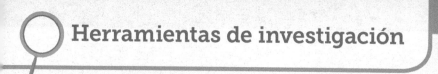

Explorar Comparar y contrastar

Comparar y contrastar distintos grupos de personas que habitaban durante los primeros años de Estados Unidos te ayudará a comprender en qué se parecen y en qué se diferencian las experiencias de cada grupo.

1. **Lee el texto completo.**

   Esto te servirá para comprender de qué se trata.

2. **Busca grupos de personas cuyas experiencias se describan.**

   Esto te ayudará a decidir qué grupos compararás y contrastarás.

3. **Elige tres grupos que puedas comparar y contrastar fácilmente.**

   Esto te ayudará a analizar la experiencia de tres grupos de personas.

4. **Haz una lista de las principales experiencias de cada grupo y en qué se parecen o en qué se diferencian de la experiencia de los otros.**

   Esto te ayudará a hallar semejanzas y diferencias entre ellos.

COLABORAR

A partir del texto que acabas de leer, trabaja con la clase para describir las experiencias de los inmigrantes y compararlas con las experiencias de otro grupo que conozcas.

Grupo	Experiencias	Semejanzas/Diferencias
inmigrantes		

¡Investiga!

Lee las páginas 354 a 363 del Material complementario. Usa tus destrezas de investigación para identificar distintos grupos de pobladores y sus experiencias. Luego, compara sus experiencias con las de otro grupo.

Grupo	Experiencias	Semejanzas/Diferencias

Piénsalo

¿En qué se diferenciaron las experiencias de la gente durante los primeros años de Estados Unidos según su raza, etnia o género?

Escríbelo

Escribir un artículo de blog

Elige tres grupos de personas que vivían durante los primeros años de Estados Unidos. Compara y contrasta sus experiencias en un breve artículo de blog. Incluye hechos y detalles del texto en tu blog de comparación y contraste.

_____

_____

_____

_____

_____

_____

_____

_____

_____

_____

_____

_____

_____

_____

_____

_____

_____

Coméntalo

Compartir tu razonamiento

Intercambia tu artículo de blog con el de un compañero o compañera. ¿Qué similitudes o semejanzas incluyó tu compañero o compañera que tú no incluiste?

Conexión con la

Combinar ideas

¿Cómo fueron los primeros años de Estados Unidos para los diferentes grupos de personas?

_____

_____

_____

_____

_____

_____

Notas del Proyecto de investigación

_____

_____

_____

_____

_____

_____

¿Qué impacto tuvo la expansión hacia el Oeste en los habitantes de Estados Unidos?

Resultados de la lección

¿Qué estoy aprendiendo?

En esta lección, usarás tus destrezas de investigación para explorar la expansión hacia el Oeste y qué impacto tuvo en la vida de las personas del siglo XIX.

¿Por qué lo estoy aprendiendo?

Leer y hablar sobre la expansión hacia el Oeste te permitirá comprender su impacto en los habitantes y en la nación.

¿Cómo sabré que lo aprendí?

Podrás identificar el punto de vista de una persona o grupo que haya sido afectado por la expansión hacia el Oeste.

Coméntalo

COLABORAR

Observar los detalles ¿Qué se muestra en la pintura? ¿Qué sugiere el título de la pintura sobre el acontecimiento?

El Sendero de Lágrimas, de Robert Lindneux

1 Inspeccionar

Ver Observa la imagen. ¿Qué muestra la pintura?

- **Piensa** en las figuras que se muestran en la pintura.
- **Examina** las pistas que te ayuden a comprender qué evento muestra cada parte de la pintura.
- **Comenta** por qué crees que el artista la pintó de esa manera.

Mis notas

_____

_____

_____

_____

_____

_____

_____

_____

_____

_____

_____

_____

_____

_____

¿Qué es el Destino Manifiesto?

En la primera década de 1800, la idea de asentarse en el territorio libre del Oeste era muy atractiva para las personas que estaban teniendo inconvenientes en la Costa Este. A pesar de los obstáculos que pudieran encontrar durante el largo y lento viaje, deseaban hacerlo de todas maneras. Este impulso por asentarse en el Oeste fue conocido como el **Destino Manifiesto**. Con el tiempo, dio lugar a la expansión de Estados Unidos desde el Atlántico hasta el Pacífico.

Muchas obras de arte exploran la libertad y la belleza natural del Oeste. La pintura de John Gast, *El progreso estadounidense,* muestra algunos avances tecnológicos importantes, como el telégrafo, la diligencia y el motor a vapor. El progreso es representado por la figura de una mujer que se traslada con movimientos agraciados desde el este hacia el Oeste. El libro que carga muestra que lleva consigo el conocimiento de una civilización.

Los opositores al Destino Manifiesto señalaron que el ideal ignoraba los derechos de los pueblos indígenas que vivían en el Oeste y no respetaba sus formas de vida. Muchos colonos creían que era la voluntad de Dios que la nación se expandiera hacia el Oeste. Estos colonos pensaban que su forma de vida y su religión debían dominar el continente desde el este hasta el oeste.

John Gast era un artista prusiano radicado en Brooklyn. Era conocido por su pintura alegórica o simbólica. En 1872, George Crofutt, editor de las guías de viaje más populares de la época, encargó a Gast que pintara *El progreso estadounidense.* El encargo se realizó más de veinte años después de que naciera el concepto del Destino Manifiesto. Crofutt publicó las reproducciones de la pintura en sus guías de viaje del Oeste, por lo que miles de personas pudieron verla.

El progreso estadounidense, de John Gast

2 Hallar evidencias

Volver a mirar Examina a la mujer en el centro de la pintura. ¿Qué está sosteniendo? ¿De qué dirección parece provenir? ¿A dónde se dirige? ¿Es el retrato de una mujer real? ¿Qué puede representar?

Examinar Lee la siguiente oración: "La pintura de John Gast, *El progreso estadounidense*, muestra algunos avances tecnológicos importantes, como el telégrafo, la diligencia y el motor a vapor". ¿Por qué crees que Gast los incluyó en la pintura?

3 Hacer conexiones

Conversar ¿Crees que aquellos que vieron la pintura, reproducida en guías de viaje en el momento de la expansión hacia el Oeste, se habrían sentido inspirados para viajar hacia allá? ¿Crees que los indígenas norteamericanos se sentirían ofendidos por esta pintura? ¿Por qué?

Herramientas de investigación

Explorar Punto de vista

El punto de vista de una persona es su opinión sobre un tema. Al determinar el punto de vista de alguien podrás comprender sus elecciones y sus acciones.

1. **Identifica palabras de opinión.**

   ¿Qué palabras indican que alguien está transmitiendo su opinión?

   ¿Qué palabras expresan emociones positivas o negativas?

2. **Busca razones y evidencias.**

   ¿Qué detalles de apoyo y razonamiento encuentras en su punto de vista?

3. **Identifica acciones y elecciones.**

   ¿Qué decisiones o acciones importantes toma la persona?

4. **Evalúa acciones con respecto al punto de vista.**

   Pregúntate si el punto de vista de esta persona tuvo un impacto en sus acciones.

A partir del texto que acabas de leer, trabaja con la clase para completar los detalles que sustentan el punto de vista de John Gast en el óvalo del centro.

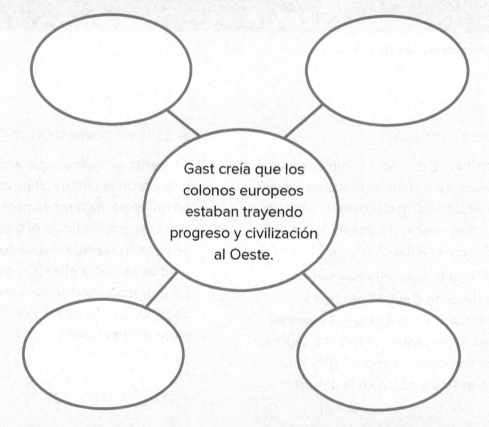

Gast creía que los colonos europeos estaban trayendo progreso y civilización al Oeste.

Copyright © McGraw-Hill Education

¡Investiga!

Lee las páginas 366 a 377 del Material complementario. Usa tus destrezas de investigación para determinar el punto de vista de una persona o grupo de personas de la lección. Utiliza el organizador para indagar los detalles clave que apoyan este punto de vista.

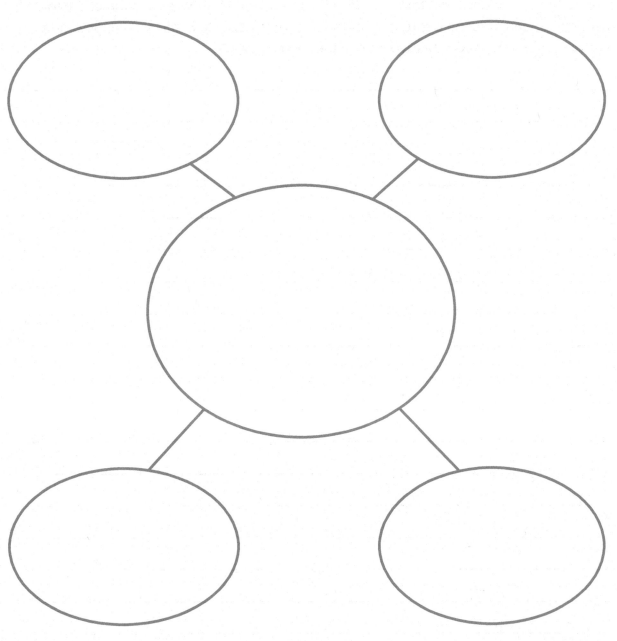

Piénsalo

¿Cuáles fueron algunos efectos positivos y negativos de la expansión hacia el Oeste?

Escríbelo

Escribir un artículo

A partir de la evidencia del texto, escribe un artículo en el que se describa el punto de vista de una persona o grupo de personas de esa época. Explica el impacto que la expansión hacia el Oeste tuvo en esa persona o grupo.

_____

_____

_____

_____

_____

_____

_____

_____

_____

_____

_____

_____

_____

_____

_____

_____

_____

Coméntalo

Compartir tu artículo

Trabaja en pareja con alguien que haya escrito sobre una persona o grupo distinto al tuyo. ¿Cómo se influyeron mutuamente los puntos de vista y las acciones de estas personas?

Historia

Conexión con la

Combinar ideas

¿Por qué la Ley de Expulsión de Indígenas es contraria al espíritu en el que se fundó Estados Unidos? ¿Qué revela la Ley de Expulsión de Indígenas sobre el carácter de la nación en ese momento?

_____

_____

_____

_____

_____

_____

_____

_____

Notas del Proyecto de investigación

_____

_____

_____

_____

Lección 5

¿Qué conflictos y acuerdos mutuos dieron forma al Norte y al Sur?

Resultados de la lección

¿Qué estoy aprendiendo?

En esta lección, usarás tus habilidades de investigación para explorar los conflictos y compromisos que dieron forma al Norte y al Sur.

¿Por qué lo estoy aprendiendo?

Leer y hablar sobre los conflictos y compromisos que dieron forma al Norte y al Sur te permitirá comprender por qué Estados Unidos tuvo una guerra civil.

¿Cómo sabré que lo aprendí?

Podrás explicar cómo los conflictos y los compromisos entre el Norte y el Sur causaron la Guerra Civil.

Coméntalo

COLABORAR

Mirar Examina la imagen. ¿Cuál es el punto de vista de la persona que hizo este folleto? ¿Cómo lo sabes?

anuncio para una reunión contra la esclavitud

1 Inspeccionar

Leer

- **Examina** la fuente primaria. ¿Qué tipo de documento es este?

- **Encierra en un círculo** las palabras en la fuente primaria que parecen ser palabras del derecho y la política.

- **Subraya** detalles importantes en el texto introductorio, tales como:

  - ¿Quién está involucrado en este caso?

  - ¿Cuál fue la decisión?

  - ¿Por qué es importante?

Mis notas

_____

_____

_____

_____

_____

_____

_____

_____

La decisión de Dred Scott

El caso *Dred Scott* contra *John F. A. Sandford* ha sido considerado como la peor decisión tomada por la Corte Suprema de Estados Unidos. Dred Scott nació esclavizado y fue comprado en Misuri por el Dr. John Emerson. Emerson se mudó a Illinois y luego a Wisconsin. Ambos eran estados libres. Scott y Emerson regresaron a Misuri, donde Emerson murió. Aunque Scott intentó comprarle su libertad a la viuda de Emerson, ella se negó. Abogados que se oponían a la esclavitud ayudaron a Scott a presentar una demanda. Afirmaron que él debió ser liberado apenas entró en un estado libre. Inicialmente, el tribunal estatal respaldó a Scott y decidió que era libre. La Corte Suprema de Misuri revocó la decisión. La viuda de Emerson cedió la propiedad sobre Scott a su hermano, John F.A. Sanford (mal escrito en documentos judiciales) y se presentó una nueva demanda contra él. Finalmente, el caso llegó a la Corte Suprema de Estados Unidos. Roger Brooke Taney, presidente de la Corte, declaró que los afroamericanos no eran ciudadanos estadounidenses y no podían entablar demandas. Además, afirmó que el Compromiso de Misuri era inconstitucional y que la esclavitud no podía restringirse en ningún territorio.

Dred Scott

En sus palabras...

presidente de la Corte Suprema Roger Taney

5. Cuando se adoptó la Constitución, [los afroamericanos] no fueron considerados en ningún Estado como miembros de la comunidad que los constituía y no estaban incluidos entre sus "personas o ciudadanos". En consecuencia, los derechos e inmunidades especiales garantizados a los ciudadanos no se les aplican. Y al no ser "ciudadanos" en el sentido de la Constitución, no tienen derecho a entablar demandas ante un tribunal de Estados Unidos, y el tribunal del circuito no tiene jurisdicción en dicha demanda.

...

9. La transformación de la opinión pública y el sentimiento en relación con la raza africana, que ha tenido lugar desde la adopción de la Constitución, no pueden cambiar su intepretación y significado. Debe ser interpretada y administrada actualmente de acuerdo con el significado y la intención verdaderos de cuando fue formado y adoptado.

—Tomado de *Dred Scott contra John F. A. Sanford*, opinión mayoritaria del presidente de la Corte Suprema Roger Taney

2 Hallar evidencias

Volver a leer Resume los pasajes de la opinión del presidente de la Corte Suprema Taney.

Pensar ¿Cuál era la opinión de Taney acerca de los afroamericanos?

3 Hacer conexiones

¿Qué argumentos se pueden presentar en contra de la opinión de Taney?

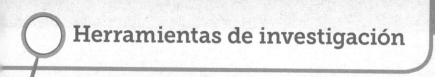
Explorar Problema y solución

A menudo, los textos se organizan de modo que primero se presentan los problemas y luego se muestra cómo éstos se han resuelto o cómo podrían resolverse.

1. Lee todo el texto una vez.

Esto te permitirá saber de qué se trata.

2. Observa los títulos de las secciones para ver cómo está organizado el texto.

Así podrás encontrar eventos clave, decisiones y políticas en el texto.

3. Encuentra problemas específicos.

Mientras lees, pregúntate qué problemas tuvieron los primeros estadounidenses.

4. Busca soluciones específicas.

Mientras lees, también pregúntate qué leyes, decisiones o compromisos concretos solucionaron esos problemas.

COLABORAR A partir del texto que acabas de leer, trabaja con la clase para determinar la solución al problema del estatus legal de Dred Scott. Completen la tabla a continuación.

Problema	Solución
Dred Scott demandó por su libertad.	

¡Investiga!

Lee las páginas 378 a 387 del Material complementario. Usa tus destrezas de investigación para buscar pruebas en el texto que te indiquen qué conflictos tuvieron el Norte y el Sur y cómo las personas intentaron resolverlos. Esta tabla te servirá para organizar tus notas.

Problema	Solución
El país quiere mantener la misma cantidad de estados no esclavistas y estados esclavistas a medida que anexan nuevos territorios.	
	El gobierno crea aranceles.
Los abolicionistas necesitan convencer a la gente de que la esclavitud está mal.	
Los ciudadanos de California querían que su estado fuera no esclavista.	
	Bandidos de la frontera ingresan a Kansas para afectar la votación.

Piénsalo

Revisa tu investigación. A partir de la información que reuniste, ¿qué tan exitosos fueron los compromisos diseñados para mantener al país unido?

Escríbelo

Escribir una carta

Elige uno de los compromisos o soluciones sobre los que aprendiste en este capítulo. Escribe una carta a un legislador que diga lo que piensas del compromiso o la solución. Luego, haz sugerencias sobre cómo se podría mejorar.

_____

_____

_____

_____

_____

_____

_____

_____

_____

_____

_____

_____

_____

_____

_____

_____

Coméntalo

Defender tu posición

Comparte tu carta con un compañero o compañera. Analicen las cartas de cada uno y busquen posibles problemas. Sugieran formas de mejorar sus soluciones.

 Conexión con la

Historia

Combinar ideas

¿Fue inevitable la guerra civil? Piensa en las diferencias entre el Norte y el Sur y en los intentos de resolver conflictos con compromisos y leyes. Sustenta tu opinión con evidencias del texto.

_____

_____

_____

_____

_____

_____

_____

_____

_____

_____

_____

_____

PREGUNTA ESENCIAL PE

¿Qué nos revelan los primeros años de Estados Unidos sobre el carácter de la nación?

Proyecto de investigación

Crear una galería de museo

Recuerda que para este proyecto crearás una galería de pinturas que representen los primeros años de Estados Unidos y crearás fichas técnicas en las que se describa cada pintura.

Completar tu proyecto

Usa la siguiente lista de verificación para evaluar tu proyecto. Si olvidaste algo, ¡ahora es tu oportunidad de arreglarlo!

☐ Investiga para encontrar tres pinturas que representen los primeros años del país.

☐ Investiga sobre el artista de cada pintura, el año en que se pintó y su significado o importancia.

☐ Considera cómo las pinturas elegidas cuentan una historia sobre el carácter y el espíritu de Estados Unidos.

☐ Crea una ficha técnica para cada pintura de tu investigación.

Compartir tu proyecto

Ahora es el momento de presentar tu galería de museo a la clase. Presenta cada cuadro y su ficha a la clase. Explica por qué elegiste cada pintura y cuenta su historia. Describe a tus compañeros de clase cómo tus pinturas cuentan una historia sobre el carácter y el espíritu de Estados Unidos.

Reflexionar sobre tu proyecto

Piensa en el trabajo que realizaste en este capítulo y en tu proyecto. Guía tus ideas con las siguientes preguntas.

1. ¿Por qué elegiste tus tres pinturas? _____

_____

2. ¿Cómo realizaste tu investigación? ¿Hay algo que harías

de manera diferente la próxima vez? _____

_____

3. ¿Cómo te aseguraste de que sus fuentes fueran confiables? _____

_____

Conexiones del capítulo

Muestra con dibujos, palabras o ambos lo que aprendiste en este capítulo.

Lo más interesante que aprendí fue:

Algo que aprendí de un compañero o compañera fue:

Una conexión que puedo hacer con mi propia vida es:

¿Cómo la economía y las finanzas afectan las decisiones de las personas?

El dinero es la raíz de todos los viajes

En los inicios de la nación, el gobierno y las personas que habitaban en Estados Unidos tomaron muchas decisiones. Muchas de ellas involucraron mudarse a nuevos lugares. Las personas emigraban a Estados Unidos. La gente se movía hacia el oeste del país. En estas decisiones fueron influenciadas por fuerzas económicas que aún influyen en las decisiones de las personas hoy en día. Veamos cómo las fuerzas económicas afectan las decisiones que las personas toman sobre sus carreras, dónde viven y cómo viven.

Esta mujer trabaja en el diseño de planos de construcción, en una oficina de arquitectura. Diferentes trabajos requieren diferentes habilidades y tipos de conocimiento.

Coméntalo
COLABORAR

Comentar trabajos

Observa la imagen. ¿Qué cualidades requiere este trabajo? ¿En qué te gustaría trabajar en el futuro? ¿Qué aptitudes tienes que te hacen bueno para ese trabajo y qué conocimientos o destrezas aún debes aprender?

¡Investiga!

Lee sobre economía y finanzas en las páginas 394 a 399 de tu Material complementario. A medida que leas, piensa en la pregunta: **¿Cómo la economía y las finanzas afectan las decisiones de la gente?**

Copyright © McGraw-Hill Education
PHOTO: Monkey Business Images/Shutterstock

Piénsalo

Piensa en las decisiones económicas que las personas toman todos los días. ¿En qué se diferencian decisiones como comprar comida o gasolina para el carro, de decisiones como comprar un boleto para ver una película?

Escríbelo

Escribir y citar evidencias

Haz una lista de las cosas en las que podrías gastar dinero en un mes. Decide en qué necesitas gastar dinero y en qué no necesitas gastar dinero. Si has decidido que algunas cosas no son necesarias, es posible que te quede dinero. Compara los costos y beneficios de comprar algo que quieres ahora frente a ahorrar el dinero para usarlo después.

Gasto	Costo ($)	¿Es necesario?

Gastar frente a ahorrar:

_____

_____

_____

Coméntalo

Defender tu posición

Explícale a un compañero o compañera por qué elegiste comprar algo que querías al final del mes o por qué elegiste ahorrar tu dinero. Comenta los costos y beneficios de ambas opciones.

LA FIEBRE DEL ORO CALIFORNIANA

PERSONAJES

Narrador

Susanna Jones
(propietaria de un almacén)

Louisa Lansdown
(hermana de Joe)

Malcolm Roberts *(esposo de Lily)*

Joe Lansdown *(hermano de Louisa)*

Martin Baker

Lily Roberts *(esposa de Malcolm)*

Narrador: En diciembre de 1848, el presidente James K. Polk anunció el descubrimiento de oro en las montañas californianas. Poco después, miles de personas se dirigieron al Oeste por el oro. Soñaban con volverse ricos. Estos hombres y mujeres fueron conocidos como los *fourty-niners* ("los del cuarenta y nueve"), porque hicieron el viaje en el año 1849.

Louisa y Joe Lansdown son parte de los del cuarenta y nueve. Acaban de llegar a California. Los jóvenes hermanos se dirigen a un almacén para comprar suministros.

(Susanna *está acomodando la mercancía en el mostrador de la tienda.* Louisa y Joe *entran por la puerta*).

Joe: Disculpe, señora. Mi hermana y yo quisiéramos comprar algo de mercadería.

Susanna: ¿De dónde vienen?

Joe: Maryland. Llegamos en carreta. ¡Nos tomó meses!

Louisa: Nos vamos a volver ricos. ¡Estoy ansiosa por comenzar a excavar para dar con el oro!

Susanna: Les mostraré algunas cosas que no le deberían faltar a ningún minero.

(Martin *entra presionando su espalda con una mano.*)

Martin: ¡Cómo me duele la espalda!

Susanna: No le presten atención. ¡Siempre se está quejando!

Martin: Antes de venir, pensaba que sería un año de dolor a cambio de una vida de riquezas. Bueno, me tendré que conformar con la parte del dolor.

Joe: ¿Y también se hizo rico, señor?

Martin: ¡Ja! Todo lo que hice fue deslomarme en el trabajo. Diez horas al día, con las rodillas enterradas en el agua helada: cavar, tamizar, lavar. ¡Cribar tierra para encontrar más tierra! Nunca una mísera roca, mucho menos oro.

Susanna: Están llegando personas de todo el mundo para hacerse ricas. He visto gente de México, Irlanda, Alemania, Francia... ¡incluso Turquía!

Martin: Todos los días la cantidad de mineros aumenta y el oro disminuye.

Susanna: (Susanna *comienza a preocuparse por no lograr una venta. Intenta ser positiva*). ¡Por lo que también van a necesitar herramientas! Tengo una pala que les servirá para cavar en cualquier sitio. Miren.

Louisa: Espere un minuto. ¿Está diciendo que no encontró *nada* de oro, señor?

Martin: Señorita, ¿acaso me veo como un hombre pudiente? ¡Ay!

Susanna: Volviendo a los suministros. Les puedo hacer un descuento en esta batea. ¡Solo veinte dólares!

Copyright © McGraw-Hill Education
PHOTO: North Wind Picture Archives/Alamy

Joe: ¡Veinte dólares! Eso es la mitad de nuestros ahorros.

Susanna: La culpa la tiene Sam Billington, el hombre más rico de California.

Justo antes de la Fiebre del oro, compró todos los picos, bateas y palas de la zona. Para cuando llegaron los del cuarenta y nueve, como ustedes, Sam Billington ya estaba sentado sobre su pila de oro. No se puede trabajar en la mina sin herramientas, ¿no?

Martin: Siempre hay alguien intentando separar al trabajador de su dinero.

(Malcolm *ingresa, sosteniendo una botella vacía y apenas cojeando.*)

Malcolm: ¡Susanna! ¿Tiene un poco más de esa loción?

Susanna: Por supuesto. Ya vuelvo.

(*Sale de la tienda para revisar en la despensa*).

Louisa: ¿Qué tipo de loción es?

Malcolm: Es una loción para atraer el oro. Todo lo que se debe hacer es esparcirla alrededor de la ropa, subir a la cima de una montaña y rodar hacia abajo. Para cuando llegue al pie, tendrá suficiente polvo de oro pegado a usted como para vivir feliz para siempre.

Joe: Suena bastante peligroso. Además, si la loción lo hace rico, ¿por qué tiene que comprar más?

Malcolm: No, no duele tanto. Y la botella advierte que puede llevar más de un intento. Pero, por tan solo diez dólares la botella, vale la pena. Deben probarlo ustedes mismos.

(Susanna *regresa con una botella).*

Susanna: Aquí tiene, Malcolm. Diez dólares.

(Malcolm *revisa su bolsillo, pero antes de poder pagar,* Lily *entra alborotada a la tienda).*

Lily: Malcolm Roberts, ¡no te atrevas a gastar mi dinero en tus tonterías!

(Malcolm *se da vuelta para mirarla).*

Malcolm: ¡Oh, Lily! ¡Podríamos hacernos ricos!

Lily: ¿Ricos? La única manera en que verás dinero es si lo gano haciendo trabajos domésticos.

Louisa: ¿Realmente se puede ganar dinero haciendo trabajo doméstico?

Lily: Le sorprendería la cantidad de dinero que una mujer puede hacer aquí. ¡Válgame! ¡Una mujer trabajadora puede hacer más dinero en California que la mayoría de los hombres!

Louisa: ¿A qué se refiere?

Lily: Bueno, no hay mucho oro ya. Eso es lo que lo hace valioso. Una mujer que sabe cocinar, limpiar y reparar prendas es casi tan difícil de encontrar como el oro. Puede cobrar tanto como se le ocurra.

Joe: Bueno, Louisa, parece que por lo menos tú puedes hacer dinero.

Louisa: Simplemente estás celoso porque yo sé cocinar, limpiar y reparar ropa, ADEMÁS de trabajar en la mina para excavar oro.

Susanna: Volvamos a lo nuestro. Van a necesitar una batea si van a trabajar en la mina. Tengo una de cobre si la necesitan.

(Susanna *continúa mostrando su mercadería a* Louisa *y* Joe, *que ahora parecen estar menos interesados).*

Narrador: Si Louisa y Joe fueron como la mayoría de los del cuarenta y nueve, no encontraron oro ni se volvieron ricos. La mayoría de los que se hicieron ricos durante la Fiebre del oro lo hicieron vendiendo suministros, no por el oro.

Muchos de los del cuarenta y nueve se quedaron en California luego de finalizada la Fiebre del oro. Llegaron de tantos lugares diferentes que le dieron a California una población diversa, aventurera y trabajadora.

Escríbelo

Escribe una obra de teatro sobre Louisa y Joe dos meses después de su llegada a California. La obra debe estar ambientada en el almacén de Susanna Jones. ¿Qué predices que les habrá sucedido a Louisa y Joe en dos meses?

Capítulo 8

La Guerra Civil y la Reconstrucción

PREGUNTA PE ESENCIAL

¿Cuál fue el efecto de la Guerra Civil en la sociedad estadounidense?

En este capítulo leerás sobre cómo estalló y se libró la Guerra Civil. Además, verás cómo el país logró unirse de nuevo. Estudiarás las estrategias de cada bando y la forma en la que ciertas batallas llevaron la guerra a su fin. Descubrirás personas que desempeñaron roles esenciales antes, durante y después de la guerra. Tus investigaciones te permitirán responder la Pregunta esencial, y el Proyecto de investigación te dará la oportunidad de organizar tu información de estudio.

Coméntalo COLABORAR

Con un compañero o compañera, comenta las preguntas que tengas acerca de los efectos de la Guerra Civil en la sociedad estadounidense. A medida que leas e investigas, busca respuestas a tus preguntas. ¡Empecemos!

Proyecto de investigación

El noticiero de la Guerra Civil y la Reconstrucción

En este proyecto trabajarás en equipo para preparar y producir un noticiero de diez minutos sobre la Guerra Civil y la Reconstrucción. Planea tus segmentos como en un noticiero televisivo. Incluye algunas entrevistas ficticias de personas que hubieran vivido en esa época. Presenta tu noticiero como una obra de teatro si no puedes grabarlo.

Lista de verificación del proyecto

- ☐ **Enumera** eventos, personas e ideas importantes.
- ☐ **Asigna** a las personas diferentes partes del proyecto, como escribir, dirigir, informar, actuar, diseñar gráficos y grabar.
- ☐ **Escribe** guiones para reporteros y entrevistadores.
- ☐ **Prepara** ayudas visuales, como fotos e ilustraciones.
- ☐ **Ensaya** la representación antes de grabarla y presentarla a la clase.

Mi plan de investigación

Escribe las preguntas de investigación que te ayuden a planificar tu proyecto. Puedes añadir preguntas a medida que llevas a cabo tu investigación.

_____

_____

_____

_____

_____

_____

_____

acorazado

Mis notas

☐ La conozco.

☐ La escuché.

☐ No la conozco.

alistarse

Mis notas

☐ La conozco.

☐ La escuché.

☐ No la conozco.

amnistía

Mis notas

☐ La conozco.

☐ La escuché.

☐ No la conozco.

aparcería

Mis notas

☐ La conozco.

☐ La escuché.

☐ No la conozco.

baja

Mis notas

☐ La conozco.

☐ La escuché.

☐ No la conozco.

estrategia

Mis notas

☐ La conozco.
☐ La escuché.
☐ No la conozco.

_____

_____

_____

ley de reclutamiento

Mis notas

☐ La conozco.
☐ La escuché.
☐ No la conozco.

_____

_____

_____

secesión

Mis notas

☐ La conozco.
☐ La escuché.
☐ No la conozco.

_____

_____

_____

sitiar

Mis notas

☐ La conozco.
☐ La escuché.
☐ No la conozco.

_____

_____

_____

soberanía popular

Mis notas

☐ La conozco.
☐ La escuché.
☐ No la conozco.

_____

_____

¿Qué tensiones sobre la esclavitud causaron la Guerra Civil?

Resultados de la lección

¿Qué estoy aprendiendo?

En esta lección, usarás tus destrezas de investigación para explorar los eventos que provocaron el inicio de la Guerra Civil.

¿Por qué lo estoy aprendiendo?

Leer y hablar sobre estos eventos te ayudará a comprender las causas y los efectos de la Guerra Civil.

¿Cómo sabré que lo aprendí?

Podrás identificar la cronología de los eventos que ocasionaron la Guerra Civil, dar tu opinión sobre qué evento fue el más importante y sustentar tu opinión con evidencia.

Coméntalo

Observar los detalles Examina la ilustración y lee la leyenda. En tu opinión, ¿qué está sucediendo allí? ¿Cuáles fueron los desafíos de atacar el fuerte Sumter?

Bombardeo del fuerte Sumter, puerto de Charleston por Currier and Ives

1 Inspeccionar

Leer Fíjate en el texto. ¿Cuál es su propósito?

- **Encierra en un círculo** las palabras que no conozcas.

- **Subraya** pistas que te permitan entender palabras y conceptos desconocidos.

- **Comenta** en pareja las razones que dan los autores para explicar su decisión de abandonar la Unión.

Mis notas

_____

_____

_____

_____

_____

_____

_____

_____

_____

_____

_____

Carolina del Sur responde

A los estados del Sur les preocupaba que las elecciones presidenciales de 1860 afectaran sus derechos. Después de que Abraham Lincoln fue elegido, Carolina del Sur se convirtió en el primer estado en proclamar su **secesión**, es decir, su separación de la Unión. La *Declaración de las causas inmediatas que induce y justifica la secesión de Carolina del Sur de la Unión Federal* establece las razones por las que el estado tomó la decisión.

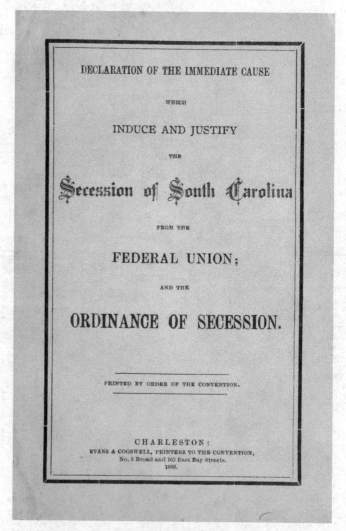

Carolina del Sur emitió este documento y se separó de la Unión en diciembre de 1860.

En sus palabras... el gobierno estatal de Carolina del Sur

Se ha trazado una línea geográfica a lo largo de la Unión, y todos los estados al norte de esa línea se han unido para elegir a un hombre, en el alto cargo de presidente de Estados Unidos, cuyas opiniones y propósitos son hostiles frente a la esclavitud...

El próximo 4 de marzo, este partido tomará posesión del gobierno. Ha anunciado que el Sur quedará excluido del territorio común, que los tribunales judiciales se seccionarán y que se deberá librar una guerra contra la esclavitud hasta que cese en todo Estados Unidos.

Las garantías de la Constitución ya no existirán; la igualdad de derechos de los estados se perderá. Los estados esclavistas ya no tendrán el poder de autogobierno o autoprotección y el gobierno federal se habrá convertido en su enemigo.

—Traducido de la *Declaración de las causas inmediatas que induce y justifica la secesión de Carolina del Sur de la Unión Federal*

2 Hallar evidencias

Vuelve a leer el texto de la declaración de secesión de Carolina del Sur. ¿Cuál es la actitud del gobierno de Carolina del Sur hacia Abraham Lincoln? Cita detalles para sustentar tu respuesta.

3 Hacer conexiones

Escribir Resume las preocupaciones más relevantes de Carolina del Sur frente a la Unión después de las elecciones.

Explorar Causa y efecto

Muchos eventos sobre los que leerás en este capítulo tienen una relación de causa y efecto. Una **causa** es un evento que hace que algo más suceda. Un **efecto** es un evento que sucede como resultado de la causa. Al buscar relaciones de causa y efecto comprenderás mejor lo que lees.

1. **Lee el texto de comienzo a fin.**

   Así podrás entender mejor las ideas principales del texto.

2. **Presta atención a la cronología.**

   A menudo, los textos presentan relaciones de causa y efecto de acuerdo con el orden en que ocurrieron los eventos. Busca los años. Observa qué eventos suceden primero, cuáles les siguen y cuáles son los últimos.

3. **Busca eventos relacionados.**

   Mientras lees, pregúntate *qué sucedió* y *por qué*. Con las respuestas a estas preguntas podrás identificar las causas y los efectos.

4. **Recuerda que un evento puede tener más de una causa y más de un efecto.**

   Ten en cuenta que las relaciones de causa y efecto pueden ser complejas. A menudo, un evento tendrá más de una causa y más de un efecto.

COLABORAR

A partir del texto que acabas de leer, trabaja con la clase para completar la siguiente tabla.

Causa		Efecto
Abraham Lincoln ganó las elecciones de 1860.	→	

¡Investiga!

Lee las páginas 408 a 419 del Material complementario. Usa tus destrezas de investigación para buscar relaciones de causa y efecto en el texto. Busca en el texto eventos que dieran lugar a la Guerra Civil. Para completar el organizador gráfico, enumera cada evento como una "causa". Escribe lo que sucedió como resultado de cada evento como un "efecto".

Causa		Efecto
	→	
	→	
	→	
	→	
	→	

Piénsalo

Revisa tu investigación. A partir de la información que reuniste, responde si la secesión podría haberse evitado. Si es así, ¿cómo?

Escríbelo

Escribir una carta

Inventa un personaje que viva en el año 1860 y sea partidario de que Carolina del Sur y otros estados del Sur no se separen de la Unión. Escribe una carta a la asamblea legislativa de Carolina del Sur desde la perspectiva de tu personaje. Incluye por qué tu personaje piensa que la secesión es un error. Propón lo que Carolina del Sur debería hacer en su lugar.

_____

_____

_____

_____

_____

_____

_____

_____

_____

_____

_____

_____

_____

_____

_____

Coméntalo

Debatir Trabaja con un compañero o compañera. Uno de los dos tomará el papel del personaje que creó, el otro será un miembro de la asamblea legislativa de Carolina del Sur que apoye la secesión del Sur. Túrnense para formular y responder preguntas que expliquen las razones de sus opiniones.

Historia

Conexión con la

Hacer conexiones

Piensa en lo que has aprendido sobre las causas de la Guerra Civil. ¿Qué tienen en común con la Guerra de Independencia? ¿En qué se diferencian?

_____

_____

_____

_____

_____

_____

PE Notas del Proyecto de investigación

_____

_____

_____

_____

_____

_____

_____

¿Cómo planeó ganar la Guerra Civil cada uno de los bandos?

Resultados de la lección

¿Qué estoy aprendiendo?

En esta lección, usarás tus destrezas de investigación para identificar las fortalezas de cada bando en la Guerra Civil.

¿Por qué lo estoy aprendiendo?

Leer y hablar sobre la Unión y la Confederación te ayudará a comprender sus fortalezas y los desafíos que enfrentaron.

¿Cómo sabré que lo aprendí?

Podrás comparar y contrastar las estrategias que cada bando utilizó para ganar la guerra. También escribirás un editorial que resuma una de esas estrategias.

Coméntalo

COLABORAR

Observar la fotografía ¿Por qué los soldados eran retratados antes de ir a la guerra?

retrato de un soldado de la Guerra Civil

Barcos acorazados

1 Inspeccionar

Leer Piensa en el título y ojea el texto. En tu opinión, ¿De qué tratará este texto?

- **Encierra en un círculo** las palabras que no conozcas.
- **Subraya** pistas que indiquen las ventajas que tenían los acorazados sobre los barcos de madera.
- **Comenta** en pareja por qué ambos bandos querían acorazados.

Mis notas

_____

_____

_____

_____

_____

_____

_____

_____

_____

_____

_____

_____

Los cañoneros fueron armas militares muy necesarias al comienzo de la Guerra Civil. Eran barcos pequeños y rápidos, usados en ríos y costas para disparar a objetivos en las orillas. Eran de madera, y debían resistir impactos de todo tipo, por lo que las armadas empezaron a construir barcos revestidos de hierro: los **acorazados**. Para fabricarlos, a menudo se reutilizaban viejos barcos de madera a los que se les instalaban láminas de hierro sobre sus marcos.

Un cañonero acorazado debía elevarse sobre el agua, acceder a puertos poco profundos y protegerlos. Se usaron muchos diseños. Algunos acorazados de la Unión tenían una torreta de asalto giratoria, así, sus naves podían luchar mejor en aguas abiertas contra otros barcos. La armada Confederada diseñó barcos con costados inclinados.

La Confederación convirtió un viejo barco de vapor, el *Merrimack*, en un acorazado y lo bautizó *Virginia*. El *Virginia* hundió dos barcos de la Unión, dañó otros tantos y combatió contra el famoso acorazado de la Unión llamado *Monitor*.

FUENTE PRIMARIA

En sus palabras... Samuel Lewis, alias Peter Truskitt, describe el *Monitor* de la Unión:

Era, en parte, la embarcación más extraña que había visto nunca. Su cubierta estaba apenas unas cuantas pulgadas por encima del agua, su gran torre de asalto en el centro y la cabina del piloto en el extremo... Aun así, desde el principio tuvimos confianza en ella, ya que la pequeña nave aparentaba una gran determinación. No tardamos mucho tiempo en aprender lo básico.

—Traducido de *Camp and Field: Sketches of Army Life Written by Those who Followed the Flag. '61-'65*

Los acorazados fueron utilizados por ambos bandos durante la Guerra Civil.

2 Hallar evidencias

Volver a leer A partir del artículo, ¿cómo puedes comprender las similitudes y diferencias entre los diferentes barcos utilizados en la Guerra Civil?

Examinar Vuelve a leer los detalles que muestran las diferencias entre los barcos.

3 Hacer conexiones

Conversar ¿Por qué las armadas construyeron acorazados? ¿Qué fortalezas y qué debilidades tenía cada diseño?

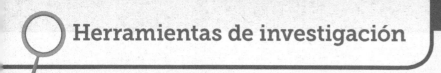

Explorar Comparar y contrastar

La Unión y la Confederación utilizaron barcos acorazados de diseños diferentes. Cuando **comparas**, identificas cómo dos o más elementos en una categoría, como personas, eventos o barcos acorazados, son iguales. Cuando **contrastas**, identificas cómo dos o más elementos en una categoría son diferentes.

Para comprar y contrastar:

1. **Identifica las características que los elementos tienen en común.**
   Escribe las similitudes y piensa por qué los elementos comparten estas características.

2. **Identifica cómo los elementos son diferentes.**
   Escribe las diferencias y piensa por qué los elementos son diferentes.

3. **Saca conclusiones a partir de las similitudes y las diferencias.**
   Pregúntate, ¿cómo estas similitudes y diferencias mejoran mi comprensión?

De acuerdo con la cantidad de los elementos que comparas y contrastas, puede haber muchas más similitudes que diferencias o muchas más diferencias que similitudes.

A partir del texto que acabas de leer, trabaja con la clase para completar el organizador a continuación.

	Similitudes entre la Unión y la Confederación	Diferencias entre la Unión y la Confederación
Acorazados	Un recubrimiento de hierro protegía los barcos de los disparos.	

¡Investiga!

Lee las páginas 420 a 429 del Material complementario. Usa tus destrezas de investigación para buscar en el texto similitudes y diferencias entre la Unión y la Confederación. Este diagrama te servirá para organizar tus notas. Puede que no haya una respuesta para cada celda.

	Similitudes entre la Unión y la Confederación	Diferencias entre la Unión y la Confederación
Población		
Expectativas		
Estrategias		
Recursos		

Piénsalo

Revisa tu investigación. A partir de la información que reuniste, ¿qué bando tenía las fortalezas necesarias para ganar la guerra?

Escríbelo

Escribir un editorial Imagina que eres un general de la Unión del Norte o un general de la Confederación del Sur. Escribe un breve editorial en el que expliques por qué crees que tu bando ganará la guerra. Asegúrate de explicar cómo tu estrategia para ganar la guerra superará las fortalezas del bando opuesto.

_____

_____

_____

_____

_____

_____

_____

_____

_____

_____

_____

_____

_____

_____

_____

Coméntalo

Comentar Compara editoriales y opiniones en un grupo pequeño. Juntos, comenten por qué cada bando consideró que podía ganar.

Geografía

Conexión con la

Combinar ideas

Escribir y citar evidencias Al principio de la guerra, ¿qué bando tenía la mejor estrategia? En otras palabras, ¿qué bando estaba mejor posicionado para alcanzar la victoria? ¿Por qué? Sustenta tu opinión con evidencia.

_____

_____

_____

_____

_____

_____

_____

_____

_____

_____

_____

Notas del Proyecto de investigación

_____

_____

_____

_____

¿Cómo era vivir durante la Guerra Civil?

Resultados de la lección

¿Qué estoy aprendiendo?

En esta lección, usarás tus destrezas de investigación para entender cómo la Guerra Civil afectó las vidas de las personas que vivían en Estados Unidos en ese momento.

¿Por qué lo estoy aprendiendo?

Leer y hablar sobre cómo vivieron las personas durante la Guerra Civil te ayudará a conocer más de los cambios que tuvieron lugar y la forma como afectaron al país.

¿Cómo sabré que lo aprendí?

Podrás explicar cómo y por qué la Guerra Civil afectó a varios grupos de personas de formas diferentes.

Coméntalo

COLABORAR

Observar los detalles La imagen en la página 323 es de Rose O'Neal Greenhow, espía de la Confederación. ¿Te parece una espía? ¿Por qué?

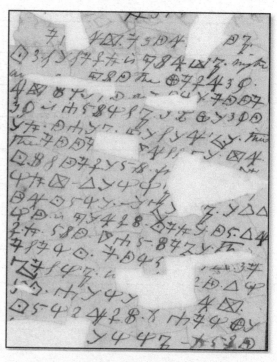

carta en código escrita por Rose Greenhow

la espía de la Confederación Rose Greenhow
y su hija, en una prisión de la Unión

Leer Mira el texto. Fíjate en el título. ¿De qué crees que tratará el texto?

- **Encierra en un círculo** las palabras que no conozcas.
- **Subraya** pistas que te ayuden a entender palabras y conceptos desconocidos.
- **Comenta** en pareja los roles que los niños y los jóvenes desempeñaron en la Guerra Civil.

Mis notas

_____

_____

_____

_____

_____

_____

_____

_____

_____

_____

_____

_____

Los más jóvenes del campo de batalla

Muchos niños y jóvenes estaban tan ansiosos como sus parientes mayores y vecinos por alistarse. La edad mínima para hacerlo era de 18 años, pero los músicos, como los tamborileros, podían unirse legalmente desde los 16 años. Algunos mentían sobre su edad para unirse a los ejércitos de la Unión o la Confederación. Johnny Clem fue uno de esos muchachos. Clem se escapó de su hogar a los 9 años para unirse al ejército de la Unión. Al ser demasiado joven y pequeño, no consiguió engañar a los funcionarios que reclutaron a su padre y a su hermano. Lo volvió a intentar, y cuando el segundo regimiento lo rechazó, se negó a volver a su hogar hasta que cambiaran de opinión. Clem tomó una posición no oficial como tamborilero y se quedó en el ejército. A los 12 años fue ascendido a sargento, y se convirtió en la persona más joven en combate en la Guerra Civil. Aunque fue herido y finalmente capturado, Clem perduró en el caos del campo de batalla. Otros tamborileros y jóvenes soldados tuvieron experiencias diferentes.

Johnny Clem sirvió en el ejército de la Unión cuando era un niño.

En sus palabras... Charles W. Bardeen, un tamborilero de 15 años.

...Sin duda estaba asustado. Un proyectil había explotado lo suficientemente cerca de mí como para poder darme cuenta de sus efectos, y lo único que quería era escapar a un lugar donde las explosiones no me pudieran alcanzar. Este héroe patriótico, que había declarado frente a las fogatas sus ansias de sangre, habría estado encantado de esconderse de nuevo en su pequeña cuna.

—Tomado de *Diario de guerra de un pequeño pífano*

2 Hallar evidencias

Volver a leer Tanto Johnny Clem como Charles W. Bardeen eran tamborileros. ¿En qué se parecían y se diferenciaban sus experiencias? Cita detalles para sustentar tu respuesta.

3 Hacer conexiones

Conversar

COLABORAR

En tu opinión, ¿por qué la edad era un requisito en los ejércitos de la Unión y la Confederación?

Explorar Idea principal y detalles

La **idea principal** de un texto es la idea más importante. Es lo que los autores desean que los lectores aprendan sobre el tema. Los **detalles clave** son hechos, ejemplos y pruebas que desarrollan y sustentan la idea principal. En ocasiones, los autores declaran explícitamente la idea principal en un texto, pero a veces los lectores deben utilizar algunos detalles para inferir la idea principal.

Para encontrar la idea principal y los detalles clave:

1. Lee todo el texto una vez.

Esto te permitirá saber de qué se trata.

2. Observa los títulos de las secciones.

Estas son pistas con las que puedes determinar de qué trata cada sección.

Al juntar estas pistas podrás identificar la idea principal de todo el texto.

3. Busca detalles clave.

Busca hechos importantes, ejemplos y pruebas que el autor haya incluido.

4. Piensa en las conexiones.

Pregúntate, ¿cómo permiten estos detalles desarrollar o apoyar la idea principal?

 A partir del texto que acabas de leer, trabaja con la clase para completar la siguiente tabla.

Detalle
Detalle
Los niños y los jóvenes reaccionaron de maneras distintas a la guerra. Idea principal

¡Investiga!

Lee las páginas 430 a 441 del Material complementario. Usa tus destrezas de investigación para buscar en el texto evidencia que te indique los detalles clave y la idea principal. Esta tabla te servirá para hacer un seguimiento de los detalles y determinar la idea principal de la lección. Piensa en los desafíos que enfrentaron los soldados y los civiles durante la Guerra Civil.

Detalles
Detalles
Detalles
Detalles
Detalles
Idea principal

Piénsalo

Revisa tu investigación. A partir de la información que reuniste, ¿cómo afectó la Guerra Civil a los estadounidenses?

Escríbelo

Escribir una carta

Crea un personaje que viva durante la Guerra Civil. Puede ser un recluta, una mujer, un afroamericano, un tamborilero o alguien más. Primero, decide los detalles del personaje. ¿Dónde vive el personaje? ¿Cómo se siente con respecto a la guerra? Luego, escribe una carta que muestre la perspectiva del personaje sobre la guerra. Incluye detalles de tu investigación.

_____

_____

_____

_____

_____

_____

_____

_____

_____

_____

_____

_____

_____

_____

Coméntalo

Compartir tus pensamientos Busca un compañero o compañera que haya escrito desde la perspectiva de un personaje diferente. Compartan sus cartas. Túrnense para comentar la perspectiva del personaje sobre la guerra y los detalles que la sustentan.

Historia

Conexión con la

Combinar ideas

Piensa en lo que has aprendido sobre cómo era vivir durante la Guerra Civil. ¿Qué efectos positivos y negativos tuvo la Guerra Civil en los estadounidenses?

_____

_____

_____

_____

_____

_____

_____

_____

_____

_____

_____

_____

Notas del Proyecto de investigación

_____

_____

_____

¿Cómo llevaron los momentos decisivos al final de la Guerra Civil?

Resultados de la lección

¿Qué estoy aprendiendo?

En esta lección, usarás tus destrezas de investigación para explorar las batallas y eventos que permitieron que la Unión ganara la Guerra Civil.

¿Por qué lo estoy aprendiendo?

Leer y hablar sobre los momentos clave que llevaron a la Guerra Civil a su fin te permitirá comprender los efectos importantes que tuvo esta guerra en la historia de Estados Unidos.

¿Cómo sabré que lo aprendí?

Podrás explicar por qué el Norte ganó la Guerra Civil y la Unión se preservó.

Coméntalo

COLABORAR

Observar los detalles ¿Cómo te sentirías si visitaras este lugar? ¿Por qué se instalaron allí cañones y monumentos de la Guerra Civil?

Los monumentos de piedra en el Parque Militar Nacional de Gettysburg honran a los regimientos que lucharon en la batalla.

1 Inspeccionar

Leer Fíjate en el título. ¿De qué crees que tratará el texto?

- **Encierra en un círculo** las palabras que no conozcas
- **Subraya** pistas que indiquen:
  - ¿Por qué Lincoln dio este discurso?
  - ¿Cuándo dio el discurso?
  - ¿De qué ideas importantes quería hablar Lincoln?

Mis notas

_____

_____

_____

_____

_____

_____

_____

_____

_____

_____

_____

_____

Un discurso para las generaciones

El discurso de Abraham Lincoln en Gettysburg es uno de los más famosos de la historia de Estados Unidos. Durante muchos años, en las escuelas los estudiantes debían aprender este discurso y recitarlo de memoria. La principal intención de Lincoln en el discurso de Gettysburg era fundar un nuevo cementerio en un importante campo de batalla en 1863. Sin embargo, también aprovechó el discurso para abordar problemas aún mayores. Quería recordarles a los estadounidenses por qué los soldados que murieron en Gettysburg eran héroes y la razón por la que era importante continuar luchando en la Guerra Civil.

El discurso de Gettysburg de Lincoln duró cerca de tres minutos. Su respetuosa audiencia interrumpió el discurso con aplausos, en cinco ocasiones.

En sus palabras... Abraham Lincoln

Hace ochenta y siete años, nuestros padres hicieron nacer en este continente una nueva nación concebida en la libertad y consagrada en el principio de que todas las personas son creadas iguales.

Ahora estamos empeñados en una gran guerra civil que pone a prueba si esta nación puede perdurar en el tiempo. Estamos reunidos en un gran campo de batalla de esa guerra. Hemos venido a consagrar una porción de ese campo como lugar de último descanso para quienes dieron aquí sus vidas para que esta nación pudiera vivir. Es correcto y apropiado que hagamos tal cosa.

Pero, en un sentido más amplio, no podemos dedicar, no podemos consagrar, no podemos santificar este terreno. Los valientes hombres, vivos y muertos, que lucharon aquí ya lo han consagrado. El mundo apenas advertirá y no recordará por mucho tiempo lo que aquí digamos, pero nunca podrá olvidar lo que ellos hicieron aquí. Somos, más bien, nosotros, los vivos, quienes debemos consagrarnos aquí a la tarea inconclusa que los que aquí lucharon hicieron avanzar tanto y tan noblemente. Somos más bien los vivos los que debemos consagrarnos aquí a la gran tarea que aún resta, que deestos muertos a los que honramos, tomemos una devoción incrementada a la causa por la que ellos dieron la última medida colmada de celo. Que resolvamos aquí firmemente que estos muertos no habrán dado su vida en vano. Que esta nación, Dios mediante, tendrá un nuevo nacimiento de libertad. Y que el gobierno del pueblo, por el pueblo y para el pueblo no desaparecerá de la Tierra.

—Discurso de Gettysburg

2 Hallar evidencias

Volver a leer ¿Qué ideas clave de la historia de Estados Unidos menciona Lincoln? ¿Cómo se relacionan estas ideas con los eventos que menciona?

¿Qué teme Lincoln que pueda suceder si no tiene éxito en la "gran tarea"?

3 Hacer conexiones

Conversar

COLABORAR

¿De qué evento habla Lincoln en la primera oración de su discurso? ¿Cómo se relaciona este evento con el tema principal de su discurso?

Explorar Cronología

Al pensar en la cronología, o el orden en que suceden las cosas, podrás hacer conexiones entre eventos relacionados.

1. Lee todo el texto una vez.

Esto te permitirá saber cómo está organizado el texto.

2. Busca verbos.

Con los verbos podrás identificar qué eventos se mencionan el texto.

3. Busca palabras de transición que indiquen un cambio en el tiempo.

Palabras como *entonces*, *más tarde* o *después* pueden mostrar que el escritor comienza a tratar un evento diferente.

4. Halla hechos clave sobre cada evento.

A medida que leas sobre cada evento, piensa en cómo los hechos clave y detalles son evidencias de los eventos importantes en la Guerra Civil.

COLABORAR

A partir del texto que acabas de leer, trabaja con la clase para completar la siguiente tabla.

Fecha	Evento	Hechos clave
	Discurso de Gettysburg	

¡Investiga!

Lee las páginas 442 a 453 del Material complementario. Usa tus destrezas de investigación para encontrar pruebas en el texto que te indiquen qué eventos llevaron a la Guerra Civil a su fin. Completa la siguiente tabla con información sobre los eventos.

Año	Evento	Hechos clave

Piénsalo

Revisa tu investigación. A partir de la información que reuniste, ¿qué eventos consideras que ocasionaron el fin de la Guerra Civil?

Escríbelo

Tomar una posición

Escribir y citar evidencias Escribe un ensayo de opinión sobre el evento que consideras más importante para concluir la Guerra Civil. ¿Por qué este evento fue más importante que otros? Sustenta tu opinión con detalles y datos del texto.

_____

_____

_____

_____

_____

_____

_____

_____

_____

_____

_____

_____

_____

_____

_____

_____

Coméntalo

Defender tu posición

Comparte tu respuesta con un compañero o compañera. Comenten el evento que eligieron como el más importante. ¿Qué evidencia sustenta mejor sus afirmaciones?

Historia

Conexión con la

Combinar ideas ¿Qué bando tenía las fortalezas necesarias para ganar la guerra? ¿Cómo se relacionan estas fortalezas con el evento que elegiste como el más importante para el fin de la guerra?

_____

_____

_____

_____

_____

_____

_____

_____

PE ESENCIAL *Notas del Proyecto de investigación*

_____

_____

_____

Lección 5

¿Qué desafíos enfrentó Estados Unidos después de la Guerra Civil?

Resultados de la lección

¿Qué estoy aprendiendo?

En esta lección, usarás tus destrezas de investigación para explorar cómo Estados Unidos cambió después del final de la Guerra Civil.

¿Por qué lo estoy aprendiendo?

Leer y hablar sobre lo que sucedió después de la Guerra Civil te permitirá comprender el impacto de la Reconstrucción en la nación.

¿Cómo sabré que lo aprendí?

Podrás demostrar tu comprensión de los desafíos que enfrentaron los estadounidenses en los años posteriores a la Guerra Civil.

Coméntalo

COLABORAR

Observar Examina la foto y lee la leyenda. ¿Qué están haciendo las personas? A partir de sus acciones, ¿qué sentimientos hacia Abraham Lincoln puedes identificar?

La procesión funeraria del presidente Lincoln, en Washington D. C., tenía una milla de largo.

Copyright © McGraw-Hill Education
TEXT: Lincoln, Abraham. "Second Inaugural Address." Washington, D.C., March 4, 1865. Library of Congress, Manuscript Division, Abraham Lincoln Papers: Series 3.

1 Inspeccionar

Leer Mira el texto. Fíjate en el título. ¿Cuál es el propósito de este texto?

- **Encierra** en un círculo las palabras que no conozcas.
- **Subraya** pistas que te permitan comprender palabras y conceptos desconocidos.
- **Comenta** en pareja los puntos principales del discurso de Lincoln.

Mis notas

_____

_____

_____

_____

_____

_____

_____

_____

_____

_____

El segundo discurso inaugural de Lincoln

A finales de la Guerra Civil, Abraham Lincoln fue reelegido presidente. En el juramento, el 4 de marzo de 1865, dio por segunda vez un discurso inaugural. En él trató los desafíos de la guerra, su esperanza por que acabara y por el periodo de paz que seguiría. Además, buscó semejanzas entre las tropas de la Confederación y la Unión que seguían en combate. Lincoln se refirió a la esclavitud como una "ofensa" que debía concluir y, finalmente, expresó sus esperanzas de reconstruir la nación para vivir en paz en el futuro.

FUENTE PRIMARIA

En sus palabras... Abraham Lincoln

Con afecto esperamos, fervientemente oramos, que este intenso flagelo de la guerra pase con rapidez. Sin embargo, si Dios quiere que continúe, hasta que se hunda toda la riqueza acumulada por el trabajo no remunerado del hombre esclavizado durante doscientos cincuenta años, y hasta que cada gota de sangre extraída por el látigo sea pagada por otra extraída por la espada, como se dijo hace tres mil años, aun se debe decir "los juicios del Señor son verdaderos, y todos ellos justos".

Con malicia hacia nadie, amor para todos, firmeza en lo justo, según Dios nos permite, esforcémonos por terminar la obra en la que nos encontramos; por vendar las heridas de la nación; por cuidar de quien llevó la carga de la batalla, de su viuda y su huérfano, para que consiga todo cuanto pueda. Y preservar una paz justa y duradera, entre nosotros y con todas las naciones.

—Tomado del segundo discurso inaugural de Abraham Lincoln, 1865

Fellow Countrymen.

At this second appearing to take the oath of the presidential office, there is less occasion for an extended address than there was at the first. Then a statement, somewhat in detail, of a course to be pursued, seemed fitting and proper. Now, at the expiration of four years, during which public declarations have been constantly called forth on every point and phase of the great contest which still absorbs the attention, and engrosses the energies of the nation, little that is new could be presented. The progress of our arms, upon which all else chiefly depends, is as well known to the public as to myself; and it is, I trust, reasonably satisfactory and encouraging to all. With high hope for the future, no prediction in regard to it is ventured.

On the occasion corresponding to this four years ago, all thoughts were anxiously directed to an impending civil war. All dreaded it—all sought to avert it. While the inaugeral address was being delivered from this place, devoted altogether to saving the Union without war, insurgent agents were in

La Biblioteca del Congreso conserva una copia manuscrita del segundo discurso inaugural de Lincoln.

2 Hallar evidencias

Volver a leer ¿Con qué palabras sugiere Lincoln que quería sanar a la nación y no castigar al Sur? ¿Qué palabras y frases específicas utiliza para crear ese efecto?

3 Hacer conexiones

Conversar
¿Qué tiene en común este discurso con el que fue pronunciado en Gettysburg?

COLABORAR

Resumir

Los resúmenes incluyen únicamente la información más importante en un texto. A medida que leas, piensa en las ideas, hechos, ejemplos y pruebas más importantes. Escribir un resumen te ayuda a recordar las ideas principales y los detalles de un texto. También te permite entender la estructura del texto.

1. Lee todo el texto una vez.

Esto te permitirá identificar las ideas principales.

2. Toma notas.

Mientras vuelves a leer, toma notas de las personas, lugares, eventos e ideas más importantes. Recuerda repetir ideas en tus propias palabras y dejar de lado tus opiniones.

3. Sigue la estructura.

Los resúmenes deben tener la misma estructura que usa el autor. Si el texto está escrito en orden cronológico, los eventos en tu resumen deben enumerarse en el orden en que ocurrieron.

4. Sé conciso.

Recuerda que los resúmenes deben ser mucho más cortos que el texto original. Incluye solo las ideas más importantes.

A partir del texto que acabas de leer, trabaja con la clase para completar la siguiente tabla.

Detalles	Lincoln habló de lo difícil que fue la guerra para ambos bandos.		
Resumen			

¡Investiga!

Lee las páginas 454 a 463 del Material complementario. Usa tus destrezas de investigación para enumerar detalles importantes y escribir un resumen de una sección del texto.

Detalles				

Resumen	

Piénsalo

Revisa tu investigación. A partir de la información que reuniste, ¿cómo afectó la muerte de Lincoln a la Reconstrucción?

Escríbelo

Escribir y citar evidencias ¿Cómo habría sido la Reconstrucción si Abraham Lincoln hubiera vivido? Incluye razones y evidencias para sustentar tu opinión.

_____

_____

_____

_____

_____

_____

_____

_____

_____

_____

_____

_____

_____

_____

_____

_____

Coméntalo

Defender tu posición Comparte tu respuesta con un compañero o compañera. Túrnense para comentar sus opiniones y evidencias de apoyo. ¿Estás de acuerdo o en desacuerdo con la opinión de tu compañero o compañera? ¿Por qué?

Historia

Conexión con la

Combinar ideas Enumera los obstáculos más desafiantes durante la Reconstrucción y luego expón tu opinión sobre la siguiente pregunta: ¿Cuál fue el mayor problema durante la Reconstrucción y por qué?

_____

_____

_____

_____

_____

_____

_____

_____

_____

Notas del Proyecto de investigación

PE
ESENCIAL

_____

_____

_____

_____

¿Cuál fue el efecto de la Guerra Civil en la sociedad estadounidense?

Proyecto de investigación

El noticiero de la Guerra Civil y la Reconstrucción

Recuerda que en este proyecto trabajarás en equipo para preparar y producir un noticiero de diez minutos sobre la Guerra Civil y la Reconstrucción. Investiga sobre eventos y personas importantes de esta época. Sigue el formato de un noticiero e incluye entrevistas. Asegúrate de que cada persona en tu equipo tenga una tarea asignada. Ensaya tu programa antes de grabarlo o presentarlo a tu clase.

Completar tu proyecto

Usa la siguiente lista de verificación para evaluar tu proyecto. Si olvidaste algo, ¡ahora es tu oportunidad de arreglarlo!

- ☐ Hacer las entrevistas que preparaste.
- ☐ Utilizar ayudas visuales para desarrollar las ideas clave.
- ☐ Hacer una declaración final que resuma las ideas clave presentadas.

Compartir tu proyecto

Cuando presentes tu noticiero a la clase, asegúrate de ensayar su representación. Habla despacio y con claridad para que el público entienda lo que dices. Mira a tus oyentes a los ojos. Practica el uso de equipos de video antes de la presentación.

Reflexionar sobre tu proyecto

Piensa en el trabajo que realizaste en este capítulo y en tu proyecto. Guía tus ideas con las siguientes preguntas.

1. ¿Por qué elegiste incluir estos eventos, personas e ideas de la Guerra Civil y la Reconstrucción? _____

_____

2. ¿Cómo realizaste tu investigación? ¿Hay algo que harías diferente la próxima vez? _____

_____

3. ¿Cómo asignaste tareas a cada miembro del equipo? _____

_____

Conexiones del capítulo

Muestra con dibujos, palabras o ambos lo que aprendiste en este capítulo.

Lo más interesante que aprendí fue:

Algo que aprendí de un compañero o compañera fue:

Una conexión que puedo hacer con mi propia vida es:

¿Cómo han luchado los jóvenes de tiempos modernos por una vida mejor?

El IMPACTO hoy

A menudo, los jóvenes han asumido un papel sobresaliente en los movimientos de derechos civiles. Por ejemplo, en la primavera de 1963, el reverendo Martin Luther King Jr. estuvo en Birmingham, Alabama, para liderar una protesta en contra de la segregación. El doctor King y otros líderes de derechos civiles tuvieron dificultades para conseguir que suficientes adultos participaran, así que les pidieron a los niños que se unieran a la protesta. Más de 600 jóvenes fueron arrestados y encarcelados. Al día siguiente, más del doble protestaron en Birmingham. La policía local utilizó perros y mangueras de bomberos contra ellos. Esto molestó a la gente en todo el país. La opinión pública se inclinó a favor de los manifestantes.

Jóvenes se manifiestan en contra de la segregación durante la marcha de los niños de Birmingham, en 1963.

Coméntalo

Observar la fotografía

En la foto se muestran jóvenes afroamericanos que marchan para expresar su deseo de gozar de derechos civiles. ¿Qué temas son importantes para ti hoy?

¡Investiga!

Lee en las páginas 466 a 471 del Material complementario cómo los jóvenes han intentado hacer cambios positivos. A medida que leas, piensa en la pregunta: **¿Cómo han luchado los jóvenes de tiempos modernos por una vida mejor?**

Piénsalo

Tomar una posición

Revisa tu investigación. A partir de la información que reuniste, ¿cuáles de los problemas del pasado se mantienen hoy? ¿Qué similitudes y qué diferencias encuentras entre estos temas en el pasado y los temas de ahora?

Escríbelo

Escribir y citar evidencias

Elige un problema que sea importante para ti. ¿Cómo harías que los demás tomaran conciencia de él? ¿Cómo podrías lograr un impacto hoy? Enumera tres formas en las que podrías generar conciencia en las personas sobre el problema. Elige la forma que sería más efectiva y explica por qué.

Problema que es importante para ti

_____

Formas en las que puedes concienciar a los demás

1. _____

_____

2. _____

_____

3. _____

_____

¿Cuál sería la forma más efectiva? ¿Por qué?

_____

_____

Coméntalo

Defender tu posición

Explica a un compañero o compañera tu método para concienciar a los demás sobre tu problema. Comenta otros métodos para lograrlo.

Fuentes de referencia

Las Fuentes de referencia tienen un glosario con las palabras de vocabulario de los capítulos de este libro. Usa esta sección para explorar vocabulario nuevo mientras investigas y pasas a la acción.

Glosario

abolicionista persona que pensaba que la esclavitud estaba mal y debía terminar

acorazado embarcación naval armada

alistarse enrolarse para prestar servicio militar

ambiente entorno en el que sucede algo

amnistía perdón de cierto tipo de delitos

aparcería sistema en el cual se cultivaba un terreno a cambio de un porcentaje de las cosechas

artículo un párrafo en un documento legal

asamblea gobierno legislativo que representa a la población de un lugar determinado

asentamiento lugar en el que alguien se establece

auge crecimiento o incremento repentino de algo

B

baja persona que murió o fue herida durante una batalla

bloquear poner un obstáculo que impide el movimiento de personas o bienes

boicot negarse a comprar un producto o a tener tratos comerciales con individuos, grupos, compañías o países

buque de guerra equipado con cañones u otras armas

C

carta documento que concede a alguien poderes legales

cazador-recolector primeros humanos que subsistían mediante la recolección de plantas salvajes y la caza de animales

cedido algo dado o transferido a alguien más

colonia territorio dominado y administrado por una potencia extranjera.

comercio compra y venta de bienes

composición manera en que algo está hecho

conquista victoria de un ejército invasor

cosecha recolección de cultivos como trigo y maíz

cultivo comercial plantaciones que se cosechan con fines económicos

D

delegado persona que representa a otros

demanda nivel de necesidad de algo

Destino Manifiesto creencia en que fue voluntad divina que Estados Unidos se expandiera hacia el océano Pacífico

discordia desacuerdo entre los miembros de un grupo acerca de un tema importante

diverso que abarca distintos tipos de personas y cosas

emitir dar a conocer o publicar

empeñarse tratar fuertemente de lograr algo

encomiendas sistema de trabajo forzado en las colonias españolas

enmienda un agregado a la Constitución

especulador persona que toma ventaja de la situación económica de otra vendiéndole bienes a precios elevados con el fin de lucrarse

estrategia plan elaborado o método

fugitivo persona que huye o que ha escapado

hábitat ambiente favorable para la supervivencia de una especie

historia oral registros hablados, como por ejemplo relatos, que se transmiten de una generación a otra

imponer exigir un gobierno u autoridad

inconstitucional acción o política que va en contra de la Constitución de Estados Unidos

inflación incremento del costo de bienes y servicios

intercambiable algo que puede reemplazar otra cosa idéntica

jeroglífico escritura antigua para la cual se usaban dibujos en vez de palabras

jurado grupo de ciudadanos que deciden el resultado de un caso judicial

L

ley de reclutamiento selección de personas para servicio militar obligatorio

mercader persona que compra y vende bienes

mercenario soldado de otro país que es contratado para luchar en una guerra

meseta colina con laderas empinadas y cima plana

milicia grupo de ciudadanos organizados para dar servicio militar

misionero religioso con la misión de predicar el evangelio y convertir a otros al cristianismo

monarca rey o reina que gobierna una nación

moneda divisa utilizada en un lugar particular

monopolio control total de algo

mosquete arma larga similar a un fusil

mundo físico relativo a los objetos materiales

navegación arte de guiar un bote, un avión u otro vehículo de transporte

negociar acordar o hacer un trato para llegar a una solución

pacto contrato; acuerdo

periodo tiempo durante el cual una persona electa ocupa un cargo

política posición oficial con relación a un asunto

potlatch fiesta especial brindada por los indígenas de la costa noroeste en la cual los invitados reciben regalos

pradera territorio plano cubierto en su mayoría por pasto y flores silvestres

prensa medios masivos de comunicación; incluyen los periódicos, las revistas, la TV, los sitios web y la radio

propietario persona que tiene el derecho sobre algo

proyecto de ley sugerencia para una nueva ley

puesto de avanzada fuerte u otra construcción militar, distante de la base, que se utiliza para evitar ataques sorpresivos

R

rebelde persona que desafía la autoridad

recesión decaimiento temporal de las actividades comerciales

reclamar declarar que un lugar pertenece a un país desde que alguien llega a ese lugar

reconciliación retornar a la condición amistosa en una relación luego de un desacuerdo

reconciliar volver a amistarse después de un desacuerdo; hacer las paces

resistencia defensa a enfermedades desarrollada por el sistema inmunológico

revocar dejar sin efecto algo; hacer retroceder

S

secesión separación de una parte del pueblo de una nación

sitiar cercar un lugar cerrando sus salidas para forzar una rendición

soberanía popular facultad para que la gente de un territorio decida por sí misma respecto a una situación que les competa

T

tala y quema método agrícola que consistía en cultivar por medio de la tala y la quema de árboles

telar máquina para hacer ropa con hilo y fibra

tótem tronco alto y tallado usado por los indígenas de la costa noroeste para honrar a una persona o un evento importante

traidor alguien que traiciona a su propio país

V

vandalismo destrucción intencional de una propiedad